Edición: Primera, julio de 2015

ISBN: 978-84-15295-99-0

Tirada: 500 ejemplares.

Diseño: Gerardo Miño
Composición: Eduardo Rosende

dirección postal: Tacuarí 540 (C1071AAL)
Ciudad de Buenos Aires, Argentina
tel-fax: (54 11) 4331-1565
e-mail producción: produccion@minoydavila.com
e-mail administración: info@minoydavila.com
web: www.minoydavila.com
redes sociales: @MyDeditores, www.facebook.com/MinoyDavila

DESOBEDECER EL LENGUAJE

(ALTERIDAD, LECTURA Y ESCRITURA)

Carlos Skliar

ÍNDICE

DESOBEDECER EL LENGUAJE

(ALTERIDAD, LECTURA Y ESCRITURA)

Carlos Skliar

LENGUAJES

Desobediencias del lenguaje.
En la punta de la lengua.
El lenguaje enemistado.
Los poetas y el lenguaje.
El lenguaje infecto.
La norma del lenguaje.
El lenguaje deportado.
El lenguaje amoroso.
El lenguaje sin escritura.
El vaivén del lenguaje.
El lenguaje de lo político.
El lenguaje encerrado.
El lenguaje severo.
El lenguaje niño.
El lenguaje que juzga.
El lenguaje vagabundo.
Tiempo y lenguaje.
Exilio del lenguaje.
El lenguaje averiado.
El lenguaje en sus extremos: grito y soledad.
Silencio y pensamiento.

☛ *¿Tengo que, con la cabeza apedreada / con el espasmo de escribir en esta mano / bajo la presión de trescientas noches romper el papel / barrer las urdidas óperas de palabras / destruyendo así: yo tú y él ella lo / nosotros vosotros? / (Que sea. Que sean los otros) / Mi parte, que se pierda.*
(Ingeborg Bachmann) ☛

Desobediencias del lenguaje

El lenguaje desobedece a esa hora en que los silencios asumen la duración del tiempo y los sueños adormecen la exigencia substantiva; la hora en que la perplejidad gobierna la mirada y da paso al desconocer primero; la hora de la muerte tiesa y del deseo húmedo. El lenguaje desobedece a esa hora en que la confusión es la única posibilidad del alma, la hora en que parece que el paso de la vida es detenido por las palabras y el roce de la lengua demora más de un siglo en pronunciarse.

El lenguaje desobedece cuando ensucia la lengua con sus trampas de encantamiento y sensiblería, cuando la falsifica, cuando la infecta de glosarios impunes y de retóricas sin nadie dentro y nadie del otro lado, cuando se sobreestima en su regocijo adulto o se desprecia el lugar de su ausencia. El lenguaje desobedece cuando ya no hay qué decir y se anuncia a los vientos el nombre del mundo, un mundo atolondrado que se mueve y se ciñe al son de su falacia hasta quedarse exhausto; cuando el aire es poco y la palabra que describe al aire es más nula todavía.

El lenguaje desobedece en el instante en que la brevedad se confunde con la parquedad, la prisa se mezcla con el desprecio y la agonía se oculta tras un orden amenazante y pulcro. En el instante en que disfraza su movimiento, se ofrece al suicida como si se tratase apenas de un grito opaco durante su abismo, responde solo de espaldas y niega el pasaje de la voz por la hendidura de las entrañas.

El lenguaje desobedece porque cree que gobierna el doblez de la percepción y en vez de acariciar muestra sus garras en el límite extremo del sentido; porque es más su sentido que su estructura, es más su poética que su gramática, es más su desorden que su conveniencia. El lenguaje desobedece porque no reconoce en la humillación, la hipocresía, el descaso y el asesinato el lugar de su morada; porque se rebela contra sus enemistades: el diálogo insulso, la avaricia de tonos, la renuncia a la complejidad, el despojo del nombre propio.

El lenguaje desobedece en el momento en el que se acercan las lenguas y el decir está más atrás que la boca, más lejos que las manos, más detenido que la sangre; en el momento en el que el habla, la escritura y la lectura dan por sentado el sentido y se vuelven fragmentarios, torpes y sosos a la expansión y la explosión del sonido.

El lenguaje desobedece en la falaz pretensión de los cielos y la indebida atenuación de los infiernos; en la indiscreción del secreto, en la negación de su piel estremecida, en el desprecio hacia la norma y en el soberbio frenesí de alcanzar lo real con la palabra y de cazar a la palabra con lo real. El lenguaje desobedece en la planicie quieta, en la burda imitación de la brisa, en el inválido replicar de los colores sin matices.

El lenguaje desobedece al sentir que las palabras se caen, se pisotean, se derrumban. Al percibir el ocultamiento del pasado en la vanagloria del futuro, en esa costumbre insana de enterrar lo vivido, el hábito innoble de destruir lo pensado.

Sin embargo, el lenguaje es también desobedecido.

Lo desobedecen los niños, los ancianos, las mujeres, los artistas, los filósofos. Lo desobedecen la conversación, la lectura, la escritura, la inscripción en las paredes irregulares, los presos, los dementes, los autistas, los borrachos, los que escriben poemas, los que prefieren no hacerlo. Lo desobedecen los tartamudos, los juegos, las incógnitas y las madrugadas. Lo desobedecen el tiempo sereno, la calma despojada, los enamoramientos, los escondites, la rendija por donde se cuelan sabores, olores, los sonidos sin palabras. Lo desobedecen el instante en que lo desconocido continúa siendo una adivinanza irremediable, el momento en que una mano se estira hacia otra mano, la hora en que un gesto se rebela contra la infamia.

Lo desobedecen las criaturas que están a punto de nacer, los náufragos, las danzas, la soledad en dos, la duda en la punta de la lengua, los ojos entrecerrados, la mirada hacia abajo, los sordos, los vagabundos, los exiliados, los desaparecidos. Lo desobedece la búsqueda de una frase que no culmina, el artículo indefinido, la grieta cada vez más extensa —cada vez más incomprensible—, el pájaro que se cruza por los ojos, el árbol que borra lo tallado, la serpiente tímida, el fin de la tarde cuando el cuerpo regresa al tiempo y el tiempo a su guarida del silencio.

Lo desobedecen, en fin, las conjuras contra el abandono, el dejarlo todo en la búsqueda de nada, las sabias inconclusas traducciones, los libros que cuentan historias imposibles, la memoria pequeña, el olvido sin remedio, el recuerdo de todas las falsedades, cada vez que alguien toma la palabra y la desnuda, la despierta, le da vida.

El habla, la lectura y la escritura proceden y devienen de un cierto tipo de experiencia de desobediencia del lenguaje. Si el lenguaje no desobedeciera y si no es desobedecido el lenguaje, no habría filosofía, ni arte, ni amor, ni silencio, ni mundo, ni nada.

Pero una experiencia de ese carácter no es estructural, ni explicativa, ni duradera, ni apaciguadora, sino más bien existencial, una existencia poética de la lengua y hacia la lengua: *"Por eso, podrá hablarse en sentido riguroso de existencia poética, si por existencia entendemos aquello que abre brecha en la vida y la desgarra, por momentos, poniéndonos fuera de nosotros mismos"* (Lacoue-Labarthe, 2006: 30).

El lenguaje que desobedece y es desobedecido: ponerse fuera de nosotros mismos, en esa existencia desgarradora, en esa brecha —sonora y silenciosa— que abre la posibilidad de un sentido.

El lenguaje en la punta de la lengua

El lenguaje habita y transita entre cuerpos, tiempos y espacios: se cruza, atraviesa, insiste, merodea, espera, acompaña, asedia, no deja de decir ni de escuchar siquiera al interior de escenas extremas de privación, desaparición, destierro, encierro. Se ahoga y renace.

Estar en el lenguaje querrá decir: existir, andar, ocupar, descubrir, nombrar, dudar, errar, desear, desandar, escapar, vivir.

Es presencia nítida y, al mismo tiempo, una huella espectral que asume el vértigo de la existencia y sus laberintos: prohíbe y liberta, habilita y confina, da paso y encierra, enciende, trasciende y abisma.

Hace las veces de uno: ¿es narrador, impostor, impostura?

Hace las veces de otros: ¿es traducción, sobreposición, ultraje?

Hace las veces de nosotros: ¿es poética, es política, es poder?

Hace las veces de ellas, de ellos: ¿es secreto, es identidad, es literatura?

Hay gestualidad: el lenguaje se vuelve aliado de la expresión contenida y ardiente, del movimiento de las cosas, las personas y sus vínculos, es totalidad, ambivalencia y contradicción. Se sacude, se desordena, es ampuloso y tímido, muestra y esconde, traza direcciones, enseña, oculta, indica, desea tocar lo impronunciable.

Hay pronunciación: el lenguaje dice, física, metafísica y éticamente. Materia del sentido y rastro de polvo; la voz: *"Hace posible el enunciado, pero desaparece en él, se disuelve en el significado que se produce"* (Dolar, 2007: 27).

Tonalidades como estaciones del tiempo, las palabras dependen de su ritmo, su duración, su intensidad. Pero son también efectos: la humillación, el secreto, la vergüenza, la serenidad, el odio, la afirmación, la venganza, la amistad, el desplante, la sensualidad, el abandono.

Hay lectura: el lenguaje se ofrece en disposiciones espaciales y temporales, artefactos y dispositivos, lugares donde los secretos se confiesan agolpados en páginas inscriptas en las piedras, pergaminos, papiros, maderas, papeles, pantallas. Alguien debe sostenerse y sostenerla pues el pasaje de la lectura entre tiempos, lugares, almas e historias es desproporcionado: uno frente al mundo, solo, en una soledad sola, hecha de capítulos, apartados, notas, subrayados, indiferencias, conmociones.

Hay escritura: el lenguaje confirma su estricta soledad, su desobediencia y su rebeldía en la escritura. Como si se tratara de un punto de partida abismal, lo escrito no encuentra antecesores ni antecedentes: todo puede ser escrito, nada puede llegar a serlo. La horizontalidad y/o la verticalidad de la escritura no prueban nada y nada garantizan: habrá que tallar y hacer estallar los nombres de las cosas como si fuera por primera vez.

El lenguaje está en la punta de la lengua:

> *Todos los nombres están "sur le bout de la langue", en la punta de la lengua. El arte consiste en saber convocarlos cuando es necesario (...) La mano que escribe es más bien una mano que hurga en el lenguaje que falta, que avanza a tientas hacia el lenguaje que sobrevive, que se crispa, se exaspera, que lo mendiga de la punta de los dedos* (Quignard, 2006: 9).

Los hablantes, voceros o vociferantes, lectores, escritores se descubren inadvertidamente hablando solos, gesticulando en la crispación o en la calma, pronunciando hacia nadie, a ninguno, moviéndose como si fueran seres inarticulados en la búsqueda de una forma.

Travesía del lenguaje: salirse para encontrar el mundo, permanecer para narrarlo. Entre el mundo y la forma en que se asumen los sonidos de la existencia, todo permanece en la atmósfera de la punta rugosa y tensa de la lengua.

El lenguaje: mendicidad y opulencia, la revelación del vacío, la presencia de la falta, el estupor por haber encontrado lo inhallable, la perplejidad por no poder volver a repetirlo.

El lenguaje enemistado

El lenguaje seco, aquello que ocurre fuera o lejos o privado de toda experiencia. O lo que ocurre cerca pero como crimen, como falsa economía, como violencia, como huracanes e inundaciones, como el estado del tránsito y la temperatura; lo que perece al cambiarse de página o de día o de estación de radio o de televisión; la información que entorpece todo el tiempo lo que quisiéramos decir y decirnos; la información como coyuntura y como moralidad, donde las palabras suelen perder su transparencia, su forma perceptiva y dan vueltas y se revuelcan, se esconden y naufragan. La información que nos obliga a una conversación inanimada y sin voz sobre la propia información.

Pareciera ser que estamos afectados por unos dispositivos que entorpecen todo el tiempo lo que quisiéramos decir y decirnos. Las palabras pierden su ambigua transparencia, su forma perceptiva y dan vueltas y se retuercen, se esconden y naufragan. Un lenguaje que, tal como decía el poeta Juarroz, está hecho de palabras caídas, golpeadas, pisoteadas.

Pero no se trata, solo, de la información, así, en singular; de esa acumulación impropia de noticias sobre nada ni nadie, de esa vorágine como remolino sin ton ni son que distrae de la posibilidad de hablar sobre lo que nos pasa y que nos obliga a hablar apenas de un mundo visto como una lámina sin piel. La cuestión está en el vértigo de los intercambios de información que impiden o anulan —en su declarado afecto por el reemplazo de lo cada vez más viejo por lo cada vez más nuevo— la lectura o la escritura, transformándola en deseo voraz de eficacia y éxito: *"La aceleración de los intercambios informativos produjo —y está produciendo— un efecto patológico en la mente humana individual y, con mayor razón, en la colectiva"* (Berardi, 2007: 177).

En cierto modo habrá que volver a pensar en un lenguaje habitado por dentro y no apenas revestido por fuera. Como la piel, también el lenguaje toma la forma de un latido cardíaco o de una agitación del respirar o de un extraño y persistente movimiento; otras veces, se convierte en muralla, en defensa, en contención.

Como si fuera necesario, delante del lenguaje recubierto y encubierto de la información, preguntarse por el lenguaje directo, el lenguaje seco, el lenguaje que no dice más que lo que quisiera decir; un lenguaje acaso sin falsedades, sin tecnologías, sin duplicaciones, sin laboratorios ni experimentos: el lenguaje liso y llano; un lenguaje sobreviviente, quizá, de nuestro supuesto dominio o de nuestra completa incapacidad para dominar el lenguaje. Un lenguaje cuya voz deviene y deriva estrictamente de aquello que nos pasa. Un lenguaje a flor del piel. O una piel a flor de lenguaje.

En *Claus y Lucas*, Agota Kristof (2007) presenta a dos niños extraños y solitarios que viven en el confín de un pueblo perdido durante la guerra y que deben tomar decisiones acerca de la escritura por primera vez. En cierto momento se preguntan cómo saber si algo de lo que escriben está bien o mal, si algo de lo que escriben es correcto o no lo es: *"Tenemos una regla muy sencilla: la redacción debe ser verdadera. Debemos escribir lo que es, lo que vemos, lo que oímos, lo que hacemos"* (Kristof, 2007: 31). La crudeza con la que los niños asumen su escritura, su lenguaje, no deja de ser también su desnudez, su transparencia, ese intento para que el lenguaje diga algo, algo que pueda sentirse como verdadero, en medio de la completa nulidad que deja la información.

Pero éstos no son buenos tiempos ni para el lenguaje directo ni para su complejidad y ambigüedad: hay un predomino exagerado e innecesario de la rapidez y la eficacia en la transmisión y por eso se van apartando o desechando algunas formas de expresión más rugosas, menos eficaces. Como si el lenguaje procediera apenas de las agencias informativas o publicitarias y cumpliese solo con una función de tensa expectación indiferente a distancia o de rápida búsqueda de cercanías.

Sin embargo, no hay ningún motivo por el cual ligar el lenguaje a la prisa o a la urgencia o a la inmediatez. También el lenguaje puede ser una forma de detención, una pausa que sirva para habitar tiempos en paréntesis, que nos vincule más a la intensidad que a la fatalidad de lo irremisiblemente cronológico. No se trata tanto de una cuestión de géneros ni de generaciones, sino de esa tensión –tan viva, tan obsesiva– entre el lenguaje de la información que exige premura y consumidores y el lenguaje literario, que intenta hacer respirar de otra manera a sus lectores.

Las redes sociales han modificado las formas de escribir y comunicarse y sin duda afectan el acto de leer. Pero por más masivas y naturales que se vuelvan esas prácticas, hay algo en el lenguaje que hace que sobreviva a cualquier intento de fijación o moda. Es verdad que parte de la realidad puede expresarse en 140 caracteres, pero también es cierto que lo puede hacer a través de millones. No hay ninguna razón para asumir una posición definitiva al respecto, pues será el carácter contemporáneo el que resuelve la convivencia o el desapego entre lo nuevo y lo anterior. Lo que es cierto es que no hace falta suicidar formas de lenguaje, de escritura y de lectura en nombre de la novedad.

Existe un enorme tesoro en el lenguaje y poder encontrarlo es en cierto modo una tarea que nos relaciona no solo con el futuro sino, sobre todo, también con el pasado. Más allá de toda discusión sobre lo nuevo, lo novedoso, lo actual y lo contemporáneo en el lenguaje, las preguntas esenciales siguen insistiendo con un temblor siempre presente: ¿podremos tomar la palabra, nuestra palabra? ¿Hay algo para decir? ¿Hay algo para escribir? Y en relación con esa tentación al expresionismo y la productividad de la palabra: ¿Hay alguien allí, por dentro de lo que dice, por dentro de lo que escribe? Y aún más: si la cuestión es apenas un problema de quién y qué es lo que emite, ¿hay alguien del otro lado que escuchará y leerá? ¿Alguien que, simplemente, desee una detención, una pausa?

Los poetas y el lenguaje

> *El poeta, es bien sabido, mezcla la carencia y el exceso,*
> *la meta y el pasado. De ahí lo irresoluble de su poema.*

> *Está en la maldición, es decir, asume peligros perpetuos y renacientes en la medida en que rechaza, con los ojos abiertos, lo que otros aceptan con los ojos cerrados: el beneficio de ser poeta. No puede haber poeta sin temeroso recelo, de igual manera que no existe poema sin provocación. El poeta pasa por todos los grados solitarios de una gloria colectiva de la que está legítimamente excluido. Tal es la condición necesaria para sentir y decir ajustadamente* (Char, 1999: 44).

El poeta francés René Char destruyó los 153 ejemplares de su poemario *Las campanas sobre el corazón*. Quizá porque sentía en carne propia la maldición que padece el poeta: la extrema lucidez que le es atribuida, el peligro que entraña su palabra en el desierto de los discursos resecos, los ojos demasiado abiertos frente al mal y la maldad.

Lo cierto es que alrededor de la figura del poeta hubo, hay y habrá una ambigüedad manifiesta, una duplicidad extrema. No se trata aquí de dos escuelas de poesía o de dos estirpes de poetas o de dos formas materiales de hacer la poesía, sino el de revelar la existencia de una dualidad al interior de una escritura que no cesa de conmover y de sembrar inquietud.

A la figura del poeta se la vincula, por un lado, con la luminosidad o los destellos de luz que se mueven en medio de la escritura o con la pronunciación de lo inconfesable: aquello que aún tiene palabras y puede ir más allá de lo que parece haberse acabado; aquello que reina en un territorio híbrido entre lo comprensible y lo incomprensible. Pero también se la relaciona con la oscuridad, con el riesgo de asumir la expresión de un misterio que nunca dejará de serlo, con el desconsuelo y el desasosiego que asumen para sí lo trágico, aquello que ya no está ni nunca estuvo, en fin, con la muerte. Posición, entonces, de luminosidad —la escritura para, en cierto modo, aclarar, comunicar algo a alguien— y posición de oscuridad —la escritura para enmudecer, sostener la turbiedad, la gravedad, hacer padecer—.

Hay quienes han visto esta dualidad como la expresión de una batalla del sonido sobre el silencio y/o del sonido sobre el sentido. Otros la han entendido como la batalla entre lo dicho y lo indecible. Aun podría verse como la impresión de una marca, de un trazo, de un signo que interrumpe lo blanco, una suerte de irrupción en medio de la aparente calma.

¿Qué cualidades asumiría para sí el poeta y qué lección, si la hubiera, podría darnos su posición de escritura, su exposición a la escritura?

La primera de ellas tiene que ver con el carácter *ostensiblemente sensible y perceptivo* del poeta. Es bien conocida aquella afirmación de Heidegger (2003: 126) a propósito de que la *"poesía es, la mayor parte del tiempo, escucha"*. La disposición a escuchar del poeta es particular en el sentido que atiende no sólo a lo que se dice a su alrededor sino, también, a esa relación tan huidiza entre sonido y sentido o, mejor dicho, esa atención sobre cómo suena aquello que se pronuncia. El poeta, la poesía, es una voz que escucha.

Pero no sólo: también asume una disposición peculiar para el mirar. Se trata de una mirada que no elude el detalle, lo insignificante, lo banal, y que al mismo tiempo no puede dejar de detenerse en lo excesivo, lo trascendente, lo extraordinario.

Esa disposición de la escucha y la mirada del poeta es inédita cada vez. Un evento, un tiempo, una cosa, no pueden ser incorporados sino son escuchados —detención, pausa— y mirados —abertura, apertura—. Ése es el carácter perceptivo del poeta, que le hace disponer de una percepción pero no de una teoría del mundo: *"Yo no tengo una concepción del mundo. Yo tengo una sensación del mundo"*, escribió Marina Tsvietáeiva (2008: 437).

Por eso el poeta no enseña a escuchar sino que comparte lo escuchado, sin ánimo de legislar sino, quizá, de transformación. Por eso el poeta no enseña a mirar sino que intenta ofrecer, con insistencia y desesperación, la posibilidad de mirar de modos siempre diferentes. Escuchar y mirar —y decir— como si fuera por primera vez, porque a cada vez algo de lo inédito atraviesa la percepción y muta la pronunciación. Ese *como* —del *como* si fuera por vez primera— lo es todo en la poesía: de hecho, establece la diferencia sustancial entre conocer –conocer como fijar, conocer como ya saber y su consecuente indiferencia– y mirar –o escuchar– cada vez como si fuera una primera vez. Así lo revela el siguiente fragmento de un poema de Pessoa: "(...) *Vale más la pena ver una cosa siempre por primera vez que conocerla / Porque conocer es como no haber visto nunca por primera vez / Y no haber visto nunca por primera vez es sólo haber oído contar"* (1996: 203).

La lucidez sensorial y perceptiva del poeta no sólo sugiere una virtud o una capacidad peculiar, sino también la radical dimensión del exceso, tal como lo mencionara Char. Si, por una parte, el poeta es asociado a la clarividencia de su escritura, por la otra no está exento de verse aquejado por un frágil deslizamiento hacia la videncia personal; como si el ser-poeta pudiese asimilarse al ser-vidente.

Quizá Rimbaud haya vivido en cierto momento esa experiencia que se sitúa a medio camino entre la metáfora –como propiedad de la acción de escribir– y el delirio –como propiedad de la singularidad del sujeto–. En sus palabras: *"Quiero llegar a ser poeta y me esfuerzo en convertirme en vidente (...) Se trata de llegar a lo desconocido mediante el desarreglo de todos los sentidos (...) Es mentira cuando decimos yo pienso; deberíamos decir: Alguien me piensa"* (Rimbaud, 2009: 22).

A ese carácter ostensiblemente sensible y perceptible, habría que añadirle una condición tal vez más evidente pero no menos enigmática: *la particular relación del poeta con la lengua,* es decir, la forma en que traza esa relación singular entre lo escuchado y lo mirado –y lo tocado, lo olido, lo recordado, lo olvidado, lo presente y lo ausente– con su escritura y, también, con su oralidad. Una relación que tiene que ver tanto con su propia escritura como con el modo en que quisiera ser escuchado y leído: una lección que se preocupa por cómo entender sensiblemente sin comprender y no por cómo las cosas deban ser puestas y ordenadas en la lengua; una lección que alude a la separación entre el habla común y el habla poética.

En su *Discurso de Estocolmo* (1996), Wislawa Szymborska se refiere a la relación del poeta con la lengua como una rebelión contra lo común: *"En la lengua de la poesía, donde se pesa cada palabra, ya nada es común. Ninguna piedra y ninguna nube sobre esa piedra. Ningún día y ninguna noche que le suceda. Y sobre todo, ninguna existencia particular en este mundo. Todo indica que los poetas tendrán siempre mucho trabajo"*.

La lengua del poeta en el poema es, por así decirlo, una lengua aparte: un híbrido nunca resuelto y siempre a resolver entre la pronunciación, la imagen, la especialidad singular y el desplazamiento. Una lengua que se detiene entre el habla y la escritura, que se queda allí en medio, sin tomar partido, definitivamente, por ninguna de ellas.

Sobreviene aquí la tercera particularidad del poeta: una *incapacidad manifiesta pero voluntaria para la explicación*. Incapacidad voluntaria para explicar el poema, claro está, como lo escribe Marina Tsvietáieva:

> *¿Explicar los poemas? ¡Diluir (sacrificar) la fórmula, atribuir a la propia palabra sencilla una fuerza mayor a la que tiene el cantor (...) Como en la escuela; "con tus propias palabras" el Ángel de Lérmontov, pero tenía que ser precisamente con palabras propias, sin una sola palabra de Lérmontov. ¡Y qué resultado, Dios! (...) ¿Qué quería decir el poeta con estos versos?* **Pues justamente lo que dijo"** (Tsvietáieva, 2008: 14).

Pero sobre todas las cosas el rechazo del poeta a la explicación como única lógica para codificar el universo en los términos de legislación y conceptualización.

El poeta no explica en su poesía: deja un trazo que podrá ser leído por otro. El poeta no obliga a un tipo específico de lectura de ese trazo, sino que su palabra culmina al filo del tiempo en que otro podrá leerlo, reconocerlo. Habrá aquí que sostener esta idea: la del poeta que ofrece, que entrega signos que otros deberán descifrar en su tiempo y a su modo. Y esto confiere a ese particular ofrecimiento una vinculación mayúscula con el acto de enseñar: *"**Signum**, el elemento principal de **insignare** remite al sentido de 'signo', 'señal', 'marca' que se sigue para alcanzar algo. El 'signo' es 'lo que se sigue'. De modo que lo que se da en el enseñar es un signo, una señal a ser descifrada"* (Kohan, 2007: 131).

El poeta no explica. Percibe en el claroscuro y con su peculiar pronunciación de la lengua aquello que, quizá, escucha cuando escribe.

Y lo que más desea es ser escuchado, es decir: leído.

El lenguaje infecto

El lenguaje se pierde, se reencuentra en su propio laberinto, se obnubila, queda atrapado entre redes de sentidos y sinsentidos, se torna severo, áspero, padece, poetiza, filosofa, permanece averiado, conserva sus amistades y sus enemistades, convive, atraviesa, respira, conversa, ama.

Y también puede hacerse trizas, perder por completo sus facultades, volverse indisponible a las palabras, incapaz de pensar, de hablar, enmohecerse: el lenguaje abandona.

Abandonar, aquí, es una expresión literal: como si en cierto instante, por razones indescifrables, alguien sintiera con desoladora nitidez la imposibilidad de decir nada sobre nada, tocar con el cuerpo el límite último del lenguaje, percibir que ya no hay nada sobre lo que pudiéramos ejercer la propiedad de las palabras.

Pero no es el abandono al lenguaje, la voluntad manifiesta por dejar de pensar y decir, la potestad del sujeto sobre el código, el libre albedrío del hablante-oyente ideal que se retira con sus honores a la calma de su silencio.

Tampoco se trata del abandono explícito de la escritura, como ha sucedido con Bachmann o Rimbaud —entre tantos otros— que asumen esa posición más o menos definitiva de *dejar de hacerlo*.

Es, en cambio, el abandono del lenguaje al sujeto: su confinamiento, su desamarre, el destierro de su voz. Como si de tanto hablar y hablar, hubiera un momento en que el lenguaje minase un territorio hasta allí ignorado: el de la ligereza habitual de las palabras, la confianza ciega y habitual en el sistema, la mezquindad de los sentidos, la creencia de que es posible hablar de cualquier cosa, la disolución del mito donde el mundo se representa como cuestión de unos pocos nombres, unos pocos adjetivos.

Así, el lenguaje se retira, se escabulle, pone un límite a la pérdida de la extrañeza, busca otras voces, nos deja callados y sin discurso alguno sobre el silencio. El abandono del lenguaje que niega su razón o su explicación de abandono.

El abandono del lenguaje se presenta ante nosotros con varios rostros que nos confunden y nos hacen sentir incapaces: el agotamiento, el atontamiento, la tozudez, la urgencia, la consabida productividad, el utilitarismo, la progresiva simplificación, la pérdida de la metáfora y de la imagen, las frases ya hechas, el suicidio de la conversación, la humillación, la frivolidad del verbo, etcétera.

Pero el mayor de los abandonos reside en la pena por advertir la filiación del lenguaje con el poder o, mejor dicho, con los poderosos, los altaneros, los soberbios, los mentirosos, los crueles, los publicistas, los politiqueros, los violentos, etcétera; el secuestro de las palabras más vitales de la lengua como coto de propiedad privada de un conglomerado de provechos personales y consumistas; en fin, cuando el lenguaje se pone del lado de aquellos que han hecho de este mundo un mundo insoportable e irrespirable. Ellos y sus palabras.

Esa es la enfermedad del lenguaje o su inhabitabilidad o, para decirlo más claro aún, su podredumbre. Un lenguaje infectado, pestilente, corrompido, que no podemos ni pensar ni sentir como nuestro: *"Porque ha sido arrasado, allanado, alisado, mutilado, simplificado, deshumanizado, porque ha sido convertido en un lenguaje de deslenguados, en un lenguaje de nadie y sin nadie y para nadie, y por eso nos hemos quedado sin palabras, y nos sentimos mudos"* (Larrosa, 2010: 16-17).

Quizá la sensación de mudez, como dice Larrosa, no sea sino la expresión última de un páramo desolador, donde permanecemos atónitos en medio de un lenguaje al que rechazamos —el lenguaje que recibimos— y otro con el que quisiéramos todavía decir o escuchar o leer o escribir algo —el lenguaje que no tenemos—.

La enfermedad del lenguaje: su letargo, inclinación y abandono a la abyecta apetencia del poder.

El lenguaje de la norma

En la novela *Esperando a los bárbaros*, Coetzee (2007) retrata un período de la vida de un juez anciano que reside en el juzgado de una pequeña ciudad amurallada. Más allá de los muros del poblado, hay un largo desierto donde se dice que habitan los bárbaros. Todo en el pueblo está organizado y previsto en relación con esa amenaza: las casas protegidas con rejas, la cárcel del juzgado preparada para futuras y masivas reclusiones, los policías entrenados para resistir la invasión, las salas de tortura limpias, todo en medio de una tensión extrema y una constante militarización de la vida cotidiana.

Los bárbaros no han sido vistos jamás, pero se cuenta de ellos desde hace siglos: se habla de su peligro, de su amenaza, de las *barbaridades* que cometen a diario. El mito de la existencia de los bárbaros ha pasado de generación en generación y el miedo es aquello que hace respirar a una ciudad que cierra su alma cuando cae el sol. La idea de la presencia de los bárbaros impide, por un lado, una vida normal pero, por otro lado, la habilita en la materialidad y existencia del conjunto de instituciones de estado.

Por culpa de los bárbaros el día es sólo la planificación de la defensa de lo propio, la tarde se asfixia demasiado temprano y la noche se vuelve un reino de tinieblas, miedo y tensa espera, la inminencia de una invasión, la pesadilla constante de los niños:

Los bárbaros salen de noche. Antes de que oscurezca hay que recoger la última cabra, atrancar las puertas y apostar un centinela en cada atalaya para dar las horas. Dicen que los bárbaros merodean por los alrededores durante toda la noche, resueltos a asesinar y saquear. Los niños ven en sueños cómo se abren las contraventanas y cómo los rostros feroces de los bárbaros les dirigen miradas aviesas. "¡Han llegado los bárbaros!", gritan los niños, y no hay quien los tranquilice (Coetzee, 2007: 178).

Pero: ¿existirán los bárbaros, de verdad? Nadie osa preguntárselo en el pueblo, nadie se atreve a semejante duda. Quizá de tanto repetir su existencia, parece que sí, que están y que son. Que no solamente se trata de una apariencia fantasmagórica, sino de una existencia cargada de relatos detallados y certeros: los bárbaros son merodeadores, asesinos, violadores, saqueadores, feroces, inhumanos de mirada aviesa y desencajada.

La novela de John Maxwell Coetzee deja abierta la sospecha, el misterio, la tensión. Quizá los bárbaros no existan y no hayan existido nunca. Tal vez se trate solo de un relato de exterioridad para justificar la propia interioridad. Pero el mito, la ficción y, sobre todo, la ley, ya se han convertido en pura cotidianeidad. Y habrá que sostener ese relato y esa vida desde las instituciones hasta las últimas consecuencias.

Lo cierto es que la novela no trata sobre los bárbaros, sino sobre aquellos que esperan a los bárbaros, lo que es muy diferente. Lo que se dice no es sobre los bárbaros, sino sobre el creciente dolor de la existencia durante la interminable y agónica espera del supuesto enemigo, como lo expresa el personaje del juez: *"El dolor es la verdad, todo lo demás está sujeto a duda"* (Coetzee, 2007: 15). La única solución que se plantea frente al dolor es la ley: la ley que ordena lo confuso, lo ambiguo, la amenaza, lo ambivalente.

Habría que pensar si es posible eludir esa obsesión por el lenguaje jurídico; ese lenguaje que está ahí para legislar el orden de las relaciones con tal *fuerza* que pareciera no existir otra relación posible que la de uno consigo mismo o, en el mejor de los casos, de uno con otros demasiados próximos, sospechosamente parecidos.

Resulta al menos curiosa la imagen que se ha establecido acerca de la convivencia entre diferencias, sobre todo en ciertos ámbitos plagados de *jergoceo* jurídico, como aquella que debe acatar sin más ciertas reglas —no siempre formuladas o apenas sí entredichas— que instalan de una vez la idea de una supuesta empatía, calma y ausencia de conflictividad. La insistencia de la razón jurídica, no puede ser sino una desembocadura estrecha donde se prende el movimiento inasible de lo humano; movimiento que, entonces, comienza a aquietarse, a estancarse, a perder vitalidad.

La convivencia queda así, como dice Jean-Luc Nancy, irremediablemente partida en dos: *"(…) Por un lado la abstracción formal del derecho que (…) 'da derecho' (…) a toda particularidad y toda relación"* (Nancy, 2006: 63). En efecto, da la sensación de que ese derecho no tiene derecho a otra cosa, no puede pretender otro sentido, a no ser, claro está: *"(…) que el derecho mismo trate de erigirse como origen o fundamento, bajo los casos de una Ley absoluta"* (ibídem).

El cambio de percepción es trascendente, no sólo porque remite a una ética singular —que consiste en hospedar a todo otro, a cualquier otro, *a un otro cualquiera*—, sino además porque involucra una responsabilidad, una respuesta, y no simplemente la expresión de una virtud personal, la existencia de una práctica tecnocrática o una fórmula apenas jurídica que pone en marcha los aparatos institucionales:

> *Responsabilidad u obligación para con el Prójimo que no viene de la Ley, sino que ésta vendría de ellas en lo que la hace irreductible a cualesquiera formas de legalidad mediante las que necesariamente se busca regularizarla proclamándola enteramente como la excepción o lo*

extraordinario que no se enuncia en ningún lenguaje ya formulado (Blanchot, 1999: 104).

La norma, entonces, deviene prohibición de lo excepcional y el lenguaje jurídico implementa su desmantelamiento a través de un orden que ya estaba formulado antes de su irrupción y reconocimiento o, bien, junto con él.

Si pensáramos la norma en los términos de la lengua de las instituciones políticas, culturales o educativas, permanece la sensación de que la relación de transmisión, la lengua del pasaje de unos a otros, o bien evita la excepcionalidad –que es otro modo de decir la exclusión– o bien la invita a sumarse a un orden preestablecido –que es otra manera de decir la inclusión–. Fuera de esa fórmula sólo permanece lo radicalmente bizarro o exótico, lo completamente extranjero a toda noción de convivencia en la ley de la norma.

Toda relación con los bárbaros o bien los hace desaparecer de la vista, o bien alinearse a la mirada de lo normal, para poder ser tolerados por los ojos que los persiguen. De otro modo jamás sería posible tranquilizar a nuestros niños ni tranquilizarnos a nosotros mismos.

El lenguaje deportado[1]

El nombre Anna proviene del hebreo y significa compasión o que Dios se ha compadecido. Significa, entonces: *benevolente, compasiva, llena de gracia.*

---

1.   Anna Lárina, esposa de Nikolai Bujarín, fue acusada de ser enemiga de la patria y enviada a campos de concentración en las ciudades de Astraján, Tomsk, Novosibirsk y Kemerovo. Luego de sucesivos confinamientos, fue trasladada en tren a Moscú. En su biografía *Lo que no puedo olvidar* (2006), Lárina cuenta detalles de ese traslado asfixiante, un trayecto incierto y humillante. Este texto es una versión personal –osada e impertinente– que intenta hacer hablar en primera persona a Anna Lárina durante esos largos, fríos e interminables viajes por Rusia. No he tratado con ello de ponerme en su lugar, pues ese lugar es suyo, y a ella le corresponde.

Cuánta ironía desafortunada guarda un nombre. Cuánto dislate.

Su nombre no tiene compasión. Ni de Dios, ni de nadie. Dios nunca existiría. En ella no existió por lo menos dos veces: una por su propia decisión, la otra por no haber llegado jamás a la hora señalada. A todos se les podrá perdonar la impuntualidad, menos a Dios: cuando Dios no llega, hay guerra.

Sin gracia, sin nada de gracia. Con frío, con las manos heladas, indefensas, sus manos que eran blancas y ahora son negras y azules. El verde no. El verde no está y ella extraña tanto la hierba. Extraña tanto el árbol en que su padre se apoyaba para leerle.

Ella escribe Anna durante el trayecto del tren en la que está detenida. Encerrada. Transportada. Deportada. Es una carga que llevan, pero no sabe para qué sirve, qué valor contiene. Es una caja petrificada, cuyo contenido es el silencio. Tiene secretos, claro: ¿quién no los tiene? Pero no puede confesarlos, porque sus secretos provocan cáncer, escupitajos de sangre negra, ceguera.

Su nombre se escribe muy fácil. Hasta un niño podría hacerlo. Y todos sus carceleros, incluso los analfabetos. Pero su hijo no llegó ni siquiera a pronunciarla. Hubiera sido tan fácil esperar el desprendimiento de sus labios. Hubiera sido tan bello escuchar la primavera.

Escribe *Anna* y no se encuentra. No hay luz. Está todo cerrado. El olor no se huele, es una fiera que la atrapa y la corroe; era ajeno y ahora es suyo, es el olor de otros que estuvieron aquí encerrados: ¿Se llamarían fácil? ¿Con nombres que se pronuncian sin esfuerzo? ¿También escribirían sus nombres, sin poder ver, en la madera putrefacta del vagón? Donde quieran que estén, sepan que Anna ha leído sus nombres. No sobrepuso su nombre a ninguno de los suyos. Puede tocar la madera y darse cuenta dónde está lisa, donde es posible seguir escribiendo y dónde quedaron las uñas de los anteriores viajantes funestos.

Anna huele a un hombre que se orina cada tres minutos. Huele las lágrimas de una niña aplastada contra el vientre de su madre. Huele a la madre encharcada en sangre. Huele una muchacha que pregunta adónde va, por qué está allí, qué ha hecho. Huele despojos de una comida olvidada. Huele el perro triturado por el hambre de los hombres. Pero quisiera oler la cocina de sus padres. Quisiera oler la barbilla de su padre. Quisiera oler la caída de la tarde. Quisiera oler el tabaco de las siete de la tarde. Quisiera oler a ella misma. Y no puede. Es un cuerpo cuyo olor está en otra parte.

Más tarde, si hubiera tiempo, escribirá un poema sobre el olor a praderas. Para ello tendrá que ocultar el sonido del tren y hacer que respira como antes: con sencillez, sin tensión, como quien anda. ¿Pero más tarde qué es? Mejor ahora, ahora mismo, porque ahora se escucha y puede hacerlo. Más tarde, no. Quizá no haya más tarde. Jamás volverá a pensar en después, sólo en antes, sólo en durante.

Cuatro metros hay. Son casi siete pasos. Hace ejercicios porque las piernas le duelen. Tienen marcas, llagas, colores violetas, que no son suyos. ¿Qué es suyo? Ella tenía. Debe hablar en pasado, sus posesiones ya no la tienen. ¿Qué tiene sino esta memoria que es joven y rabiosa y desprolija? La memoria escupe, sí. Mi memoria es como una lengua de fuego.

Vuelve otros cuatro metros, desfila para no congelarse, es una hilera de una única persona. Hay hielo en el techo y cae justo dentro. ¿Está presa o éste es el infierno que nunca imaginaron los poetas, los pintores, los filósofos, los músicos?

Pero algo se mueve hacia adelante. No. No es nada, son los rieles. Ella no tiene adelante. No tiene nada. Sí que tiene. Tiene tres preguntas guardadas desde que la empujaron al vagón y la encerraron por fuera:

¿Cuándo es de noche que nunca se da cuenta?

¿Verán su nombre algún día aquí tallado y contarán su historia?

¿Volverá a dormirse alguna vez como cuando era pequeña?

Nadie responde. Sí, ella misma responde, pero no sin respuestas. La hicieron presa, testigo, declaración, confesión, interrogatorio, tortura. Es una pregunta eterna. Pero no tiene respuestas. Podrían preguntarle todo. Si quisieran escucharla. Hace tanto que no sabe nada. Que no entiende.

Se oyen ladridos, estaciones, gritos. No hay un agujero por donde mirar y sus ojos están oscuros, tiesos. Por un compartimento cerrado alguien le da agua y un mendrugo. Roza su mano como si fuera capaz de amar apenas una mano, como si de esa mano dependiera su poca vida.

Lo puede todo, cree. Soporta incluso una memoria cada vez más impertinente. Lo que no puede es perder el roce. Por el roce sabe que hay mundo. Que no está muerta.

O que, aun muerta, alguien la piensa. Es decir: alguien la toca. Mejor dicho: alguien escribe su nombre.

El lenguaje amoroso

Quien diga que el amor tiene una única trayectoria, un punto de partida sólido y un destino depurado, sólo se ama a sí mismo. La verdad es bien diferente: cada amor que comienza es un ejemplo aleatorio de una categoría universal que no existe. El amor a la humanidad es una manera solapada de no amar a nadie. El amor a la verdad es recibir las verdades que otros nos ofrecen. El amor hacia una única persona podría ser la forma más mezquina de habitar el universo.

Si un amor se fragmentara, como lo hace una luz, por ejemplo, el prisma no ofrecería colores sino partes aleatorias de diferentes cuerpos: una mano específica —o incluso sus dedos sueltos—, unos ojos concretos de tonalidades imprecisas, una piel detallada, una frente o una espalda determinadas. El amor es como un arte figurativo: se compone un cuerpo con partes de cuerpos casi reales, quizá puramente inventados.

El amor no es útil, ni poderoso, ni cortés. Ocurre con el amor lo mismo que con casi todas las cosas que están allí, porque sí, en la naturaleza: una tempestad, un relámpago, la aridez, la escarpada montaña, la fluidez del río, el vuelo del pájaro, el costado visible de la luna, la planicie, el agujero de ozono, un destello, una vid que se seca, el aire que ahoga, la brisa que danza, los soles, la tormenta, la fruta mordida, la serpiente que acecha.

Si dos personas planifican su amor, lo detallan, lo consignan, es posible que su conocimiento los arranque de la naturaleza y los arroje al interior de una despiadada máquina. Si dos personas no quisieran planear su amor, deberán vivir cerca del mar o al pie de una montaña y bien lejos de un templo, de un cuartel del ejército o de un acantilado.

Amarse no es cuestión de proposiciones ni de atracciones ni de voluntades. Los perros y los niños se atraen casi sin proponérselo. Las estrellas están atraídas desde el origen del universo. La atracción entre dos seres ocurre sin que nadie haga nada en concreto: ni piruetas, ni serenatas, ni poemas. Las flores que viven en el campo cantan por lo bajo para no distraer al mundo. Las piedras atraen a los ríos, pero para desviarlos de su cauce. Hay personas que se atraen pero sólo para engañarse. Atraerse es una constatación en el sitio donde estamos, no una acción premeditada a la que nos dirigimos.

Amarse no encuentra en el lenguaje ninguna contrapartida, pero sí siglos de esfuerzo: poesía, música, adoración, filosofía, pintura, silencio. Sin embargo, tocar el amor con el lenguaje no es otra cosa que pensarlo antes o decirlo después.

El instante del amor no tiene nombre: la boca, los oídos, el cuerpo, tiemblan y solo pueden expresar el rastro de una constatación:

> *¡Es eso! ¡Es exactamente eso (lo que yo amo)! Sin embargo, cuanto más experimento la especificidad de mi deseo, menos la puedo nombrar; a la precisión del enfoque corresponde un temblor del nombre; la propiedad del deseo no puede producir sino una impropiedad del enunciado. De este fracaso del lenguaje no queda más que un rastro: la palabra "adorable" (la correcta traducción de "adorable" sería el ipse latino: es él, es precisamente él en persona)* (Barthes, 1982: 38).

Del amor poco se sabe. Y lo poco que se sabe, no haría falta saberlo. Amar es ignorar cualquier sentido primero y cualquier desenlace último del amor. Se trata de la mayor de las ignorancias: la ignorancia que no sabe lo que ignora.

Pero se sabe que el amor supone su propia curvatura. Un esplendor que no llega a ser tiempo antes de convertirse en polvo, en ráfaga. Se sabe que el amor es huésped de la lluvia por venir, de una caricia que tendrá como ritmo el universo consecuente.

Lo que no se sabe nunca, lo que nunca se sabrá es por qué el amor sí, por qué el amor no.

El lenguaje sin escritura

También las palabras toman sus decisiones, su propio rumbo y realizan su danza particular y, en ocasiones, nos invitan a danzar con ellas. Son danzas macabras o danzas puras, pero nunca se sabe. Son serpientes a admirar y a temer. O paisajes a distancia. O turbulencias y temblores en medio del cuerpo. Y se desvanecen. Nos desvanecemos.

¿Cuál es el límite de ese movimiento de palabras? ¿Qué hacemos para que lenguaje no sea de nadie en particular y de cualquiera y de cada uno en especial?

Si hay un sitio donde no puede existir la autoridad –autoridad como posición de altura o como privilegio de distancias, no como la autorización de unos hacia otros– ése lugar es el de la lectura y la escritura.

Están demasiado presentes los argumentos de autoridad que se ejercen desde el lenguaje hacia el leer y el escribir; insisten, subrayan, enfatizan, vociferan otra y vez, con gestos ampulosos y desmedidos, la importancia del leer y escribir. Pero en muchas ocasiones sólo son argumentos para sostener la autoridad, es decir: están vacíos, esto es: abisman. Provocan lo contrario de lo que prometen; sugieren proximidad y alejan hasta transformar en ajeno lo que podría ser próximo y propio.

¿Cómo transmitir la experiencia del lenguaje, de la lectura y la escritura? ¿Se trata de hábitos insulsos, poleas para un tiempo futuro e incierto que nunca estará en el presente, pasiones que no tienen ningún porqué ni cuándo, invitaciones que solo sugieren una travesía que no se sabe nunca dónde desembocará?

Ingeborg Bachmann escribió *Últimos poemas* (1999). Se trata, en efecto, de sus últimos poemas, de una renuncia explícita a la escritura, una declaración de guerra contra el lenguaje fútil y banal, el precipicio de la escritura en medio de la escritura; el hartazgo del sí mismo y la apertura infinita y desconsoladora hacia la alteridad: *"¿Tengo que, con la cabeza apedreada / con el espasmo de escribir en esta mano / bajo la presión de trescientas noches romper el papel / barrer las urdidas óperas de palabras / destruyendo así: yo tú y él ella lo / nosotros vosotros? / (Que sea. Que sean los otros) / Mi parte, que se pierda"* (Bachmann, 1999: 27).

Como bien se sabe, existe una larga tradición de escritores que en cierto momento han *preferido no hacerlo*, es decir, que han tomado la decisión de desertar de la escritura frente a la imposibilidad de seguir escribiendo, en nombre del *basta ya* de la escritura.

Bachmann asumió hasta las últimas consecuencias un mundo que no era otra cosa que un barullo constante, desatinado, tortuoso, y la certeza de que la poesía había caído en su propia trampa: una hechura, un artificio, una voluntad falsa en la no menos falsa tarea de pretender *esclarecer* el mundo: *"Pero usted ha de comprender que uno de repente puede estar totalmente en contra de cualquier metáfora, de cualquier sonido, cualquier obligación de juntar palabras"* (ibídem: 32).

No se trata de un simple abandono o de un caprichoso y repentino recelo. Tampoco se trata de una huida. Hay algo más, muchísimo más, y que muestra con honda complejidad esa relación singular del escritor con la lengua: *"Sospecha de las palabras, de la lengua, me he dicho muchas veces, ahonda esta sospecha —para que un día, quizás, pueda originarse algo nuevo— o que no se origine nada más"* (ibídem).

Entre el querer saber qué nos dicen las palabras y la desconfianza permanente hacia la lengua; en ese amplísimo espacio que se abre casi sin quererlo, tal vez se encuentre el claroscuro del lenguaje, de la escritura y de la lectura. Porque de algún modo escribir y leer, o escribir o leer, tienen un movimiento que es a la vez de intencionalidad y de imposibilidad. Ése es su vaivén, su danza, tan vital como macabra.

No dejarse tentar por el centro, por la centralidad del uno, no quedarse en sí mismo, huir de lo ya conocido y de esas formas de expresión que se dominan a voluntad, aunque se sienta la incapacidad por quitarse, por no poder salir, por estar encerrados dentro de lo poco que ya sabemos.

El lenguaje como la tirantez del alma, como un péndulo cuyos extremos no llegan a tocar ningún punto fijo, ninguna medida reconocible de antemano.

El vaivén del lenguaje

Todo fue vertical para aquellos que se fueron y llegaron: de la llanura a los edificios, de la lengua propia a la ajena, de la patria alargada a la patria estirada, de la simple cadencia de la juventud a los laberintos sin salida de la vida adulta, del silencio de sus padres al barullo azaroso de las cartas traspapeladas y despellejadas.

Irse es un verbo sin regreso. Pero no solamente. También es una encrucijada cuyo horizonte no se deja ver. Una obstinación por recordar, como si cada recuerdo dejara una migaja de pan en un sendero que no existe, en el declive de la tierra hasta hacerse sólo mar.

Quienes se han ido no pueden decidir entre los recuerdos y el presente y, por ello mismo, escriben cartas hacia atrás, hacia la infancia, hacia el punto atolondrado de partida, hacia el abismo de un vientre donde ya no se reconocen ni tienen origen, nombre, hogar, patria, lenguaje.

Irse es un modo de caminar donde las piernas se trastabillan con su propia nostalgia. Se escapan del hambre, de la ruina, las heridas boquiabiertas, las despedidas, la guerra en ciernes, pero no pueden saltar el charco como los niños sin embarrarse hasta la médula y sostenerse, a duras penas, temblorosos, en el fango.

Salvarse, sí: ¿pero se salvan las personas que huyen hacia adelante? ¿Hacia otra vida que no dejará de ser nunca un jeroglífico? Como si irse partiese al cuerpo definitivamente. Como si lo arrancase de sí y de las hondonadas donde fue posible aprender a caminar, a amar, a soltarse, a quitarse, a pensarse, a jugarse, a tocarse, a buscarse.

Irse es la partida del arraigo primero. La destrucción del suelo. El inicio de la conversación con la muerte. Irse: lo contrario de una voz. Lo opuesto a todo amanecer.

Algunos prometen volver. Volver como venir, no como regresar.

No se regresa: se hace presente una ausencia hasta aquí desconocida. Se echa de menos lo olvidado. Venir a uno para que alguien, quizá, los reconozca.

El tiempo es el único desperdicio que no vuelve. Pero es posible encontrar partículas aún no deshechas, la misma conversación de siempre, una mirada que parece acompañarnos a todas partes. Volver como escuchar: las vidas ajenas demoran nada en conmoverte. Volver como callar: ninguna palabra falta.

Volver como venir, no como regresar, sí.

Y es que nada se parece a lo anterior, nada está en su sitio. Quizá porque jamás hubo sitio ni hubo anterioridad. Un cielo distinto, tal vez más cielo; una hoja de una planta olvidada, ahora curvada sobre una rama tensa; el techo no tan alto ni tan recto y un sinuoso sonido ajeno que parece haber esperado siglos para ser escuchado.

Quienes se han ido buscan papeles que creían acabados y encuentran señales desprotegidas, solas, como si el lenguaje que dejaron ya no fuese el lenguaje. Se han abolido las distancias: nada estuvo tan cerca, nada será tan próximo.

Este sol que ahora nace es distinto a toda luz anterior: recuerda que es posible que la vida no sea una, ni está condenada a su cadalso, ni sea siempre la misma repetición del hábito.

Volver como comenzar: los ojos antes que la palabra, el desnudarse antes que el desdecirse.

El lenguaje de lo político

La pregunta por la convivencia se ha ido transformando desde sus costados más ambiguos y tortuosos, hacia una cuestión cuyo significado inmediato remite exageradamente a un lenguaje formal, a la suma o la resta de cuerpos presentes, a los derechos y obligaciones de las relaciones. Casi no se habla de la contingencia de la existencia, al devenir insospechado de un encuentro, la incógnita del extraño, la intrusión del desconocido, al azar de aquello que, quizá, podrá venir a ser.

La regulación del afecto sugiere que convivir es una negociación comunicativa, una presencia literal de dos o más sujetos específicos —dueños de una identidad nítida— y cuyo único propósito y destino es el de *dialogar, compartir, convergir y consensuar*.

Pero el término convivencia obliga a un primer acto de distinción: se trata de aquello que se distingue entre diferentes seres y que provoca, ante todo, contrariedad, recelo, incomodidad, perturbación. Si no hubiese extrañamiento la pregunta por la convivencia ni siquiera nacería, porque convivir es, esencialmente, estar en medio de la intranquilidad, permanecer en la turbulencia, tensarse entre diferencias, revelar alteridades, no poder disimular incomodidades.

Hay convivencia porque existe la sensación de ser afectado y de afectar. De otro modo estaríamos hablando no de comunidad sino de un inexpresivo y más que dudoso manual del *buen comportamiento*.

Estar juntos, estar entre varios, estar entre diferencias no es consecuencia de una relación jurídica, ni del voluntarismo enceguecido por su propia probidad, ni de algún virtuosismo particular: se trata de la contigüidad entre los cuerpos —es decir: el roce, la fricción, la caricia, el toque, etcétera— cuyo límite es doble: no podría derivar hacia la asimilación o la fusión de dos, ni hacia la violación o el ultraje del otro.

Estar juntos, mirándonos a los ojos, para que, al fin y al cabo, exista el lenguaje, exista el mundo.

Conversar en el mundo y sobre el mundo, tejer el lenguaje, mirarnos a los ojos, hacer lo común: ¿puede ser, acaso, una definición torpe, ingenua, inacabada, pero esencial, de lo político?

Lo político no nos preexiste. Se hilvana en la duración de cada encuentro entre hombres y mujeres –ancianos y ancianas, adultos y adultas, jóvenes, niños y niñas–. Y se diluye cuando mujeres y hombres se dispersan, se evaden, se ignoran, se violentan. Lo político acaba allí donde hombres y mujeres dejan de mirarse, dejan de hablarse, dejan de hacer cosas juntos.

Es por ello que lo político da comienzo a lo nuevo: a la exposición inédita frente a los ojos de los demás, la relación íntima y desbordante con la contingencia, la fragilidad, el poder de lo imprevisible.

El poder de la política

> *sólo es realidad donde palabra y acto no se han separado, donde las palabras no están vacías y los hechos no son brutales, donde las palabras no se emplean para velar intenciones sino para descubrir realidades y los actos no se usan para violar y destruir sino para establecer relaciones y crear nuevas realidades* (Arendt, 2008: 206).

Lo contrario de la palabra vacía o hiriente es el secreto, y todo aquello que oculta sus intenciones es la mentira. Secreto y mentira parecen amenazar el espacio de lo político, impedir o violentar las relaciones, disociar lo común hacia lo espurio y el individualismo sin fin.

Si se le exige a cada ciudadano que exprese todo en todo momento, ya no se deja sitio alguno para ningún secreto: la vieja tradición de la política supone que hay que decir todo en la plaza pública y no existe lugar para una retirada hacia fuera de lo político. El individuo resultante es un ciudadano de arriba abajo, en lo ancho y alto, en la intimidad y en la alteridad.

Antes los políticos mentían allí donde los ciudadanos no lo sabían, porque no podían saberlo, dice Arendt. Hoy se miente a los ciudadanos allí donde, en principio, pueden saberlo todo: *la conspiración a plena luz*, la exposición absoluta de la mentira.

Pero entonces ¿qué diferencia lo político de la política? ¿Por qué la sensación de que la política conspira contra los ciudadanos y que lo que quisiéramos hacer habría que hacerlo entre nosotros, como nuevas formas de hermandad, de amistad, de fraternidad, de amorosidad?

Si la política parece estar destinada a una ciega y obsesiva transformación del otro, lo político es la transformación del sí mismo:

> *Encontrar en él las vías de su propia transformación, de su propio ir más allá de sí, encontrándose paso a paso con su deseo de ser, para ir siendo cada vez algo más cercano al propio deseo, es decir, más cercano a aquello que todavía no se es* (Pérez de Lara, 2002).

Ese espacio de lo que no se es, ese espacio que no está en blanco ni se inscribe con la tutela o la humillación o el amparo violento de otro, es lo político. Un espacio de deseos de transformación, sí, en el cual la humareda creativa de los acontecimientos no se disipa pero se comparte, se pone en común, se abre a la conversación.

Como si lo político fuera poner el lenguaje al servicio de la desnudez propia y ajena, del susurro que se convierte en pasión por lo que aún no tenemos ni podemos, de la potencia de un descubrimiento en ciernes. Y no al lado de la nueva y vieja esclavitud, de la sumisión, de la palabra tragada hacia el silencio atónito, del falso testimonio y el empequeñecimiento de los demás.

El lenguaje encerrado

Juana Castro escribió en el año 2005 un libro de poemas inquietante titulado *Los cuerpos oscuros*; una escritura que intenta nombrar quizá la más impronunciable de todas las cosas: la demencia y sus encierros, el encierro y sus demencias.

Uno de los poemas que componen el libro conmueve especialmente, pues deja al lector allí donde nunca quisiera estar: al borde mismo del abismo de lo trágico. El poema se llama *Los encerrados*[2] y es en esa brevedad aguda, en esa descripción acuciante y sin respiro, donde se puede leer lo que de otro modo sería imposible siquiera imaginar: la voz del lenguaje de los encerrados, los enclaustrados, los atrancados, los oscurecidos en medio de la luz del día; esos seres a quienes nadie les habla, esos seres que parecen no hablar con nadie.

Las metáforas sobre las demencias y su encierro –lo sombrío, lo infausto, las tinieblas, el silencio, el peligro, el ahogo, el abandono, etcétera– nunca alcanzan y languidecen delante de tanto horror y tanta incapacidad para comprender la radicalidad de lo singular. Y la duda sobreviene: ¿hay allí una voz? ¿Qué dice? ¿A quién se lo dice? ¿Con cuáles palabras? ¿Para decirnos algo? ¿A nosotros?

Se trata de un lenguaje cuya realidad no puede pensarse apenas como deterioro, pérdida, desvío, patología o desatino. Si así se hiciera, quedaría una sensación apenas de lo literal, discreta y mezquina. Debería decirse: es un lenguaje incomparable, como todo lenguaje. La cuestión reside en comprender cuál es la diferencia entre aquellos cuerpos –y lenguajes– que son hablados y aquellos cuerpos –y lenguajes– que hablan.

En efecto, hay cuerpos y lenguajes de los cuales se habla y cuerpos y lenguajes que hablan, que toman la palabra, que se arrogan la virtud del decir. Como si el mundo estuviese, en efecto, partido en dos: de un lado, los acallados, los que no tienen nada para decir, ni a quién decirlo; los que no se dirigen a nadie; anónimos que sólo podrían llegar a tomar la palabra y

---

2.   "*Los atrancados. Los encerrados vivos. /Oscurecidos, aherrojados en el último cuerpo de la casa, se consumen y hablan / Corre la muerte afuera / Hablan con el televisor y con sus muertos / Olvidan los plazos del futuro igual que olvidan hoy / qué cosas les dolieron ayer tarde / No abren las ventanas porque no entren el sol ni los ladrones / y el cielo está techado de uralita, y no quieren saber a cuántos años / se murieron su madre ni su padre / Por olvidar, olvidan enfadarse, se tragan las horas, el caldo, las pastillas, y arrastran / su nombre y sus dos pies como un misterio / Y leen y releen, una vez y otra vez, tercos como funambulistas / la cuenta de la luz, el testamento / la invitación de boda de una sobrina nieta*" (Juana Castro, *Los cuerpos oscuros*. Poesía Hiperión, 2005).

usar su voz sólo para justificar su presencia y para disculpar su existencia. Y luego están los que dicen por sí y por otros, los que cubren el mundo de palabras, explicadores de ocasión que justifican vidas propias y ajenas, que todo lo saben y ocultan con refinada técnica sus proverbiales ignorancias.

Pero el mundo, a poco que lo escuchemos con atención, no es tan así. De hecho, del lenguaje de las demencias se ha escrito mucho, pero a partir de un lenguaje especializado con pretensiones de claridad, el lenguaje arrogante que lo explica todo, ese lenguaje compuesto a propósito de la distinción entre lo que debería ser lenguaje y lo que dejaría de serlo. ¿No sería acaso posible que el lenguaje de las demencias pudiese hablar por sí mismo, en sí mismo, desde sí mismo?

También sobre las experiencias de encierro se ha dicho demasiado. Sin embargo, la distinción vuelve a ser necesaria: hay cuerpos encerrados de los que se habla desde una posición de libertad y hay cuerpos encerrados de los que se supone nada podrán pensar al respecto. ¿Acaso no se toma la palabra al interior del propio encierro? ¿La única posibilidad de narrar el encierro es esperando la luz de lo exterior?

Esbozo de una idea: se trata, quizá, de un lenguaje y de un cuerpo que no se dirigen a nosotros sino a un vínculo esencial existente en el espacio tenue y lúcido que permanece móvil y frágil entre la memoria y el olvido. Un fragmento del poema *Los encerrados* dice: *"Hablan con el televisor y con sus muertos"*.

Hablan, tal vez, a partir del movimiento subrepticio de una luz que se escapa, con el fragmento de un recuerdo a medias perdido o partido, con el desplazamiento azaroso de las cosas, con el enigma del misterio, con personas presentes a las que se les otorga otra edad, otros rostros y otros nombres, en territorios de la infancia donde ya nada ni nadie permanece, con detalles bordados en el ángulo más pequeño de la mirada.

Hablan, quién sabe, con una voz cuya moral se ha abandonado o fatigado o ya harta de sí misma, con palabras cuya resonancia no está en el lenguaje sino en el oído, a través de un dolor antiguo que quedó pendiente, con los pies arrastrándose por pasillos sin desembocadura.

Y cuando por acaso hablan con alguien, se dirigen a alguien en particular, solo encuentran a cambio desconcierto, indiferencia, quizá la voluntad efímera de la traducción imposible, el rápido resguardo en la lengua sana, el retiro hacia la normalidad más banal de la que se dispone.

Hay un vínculo esencial entre poesía y demencia, lo sabemos. El filósofo Nietzsche acabó demente siendo poeta y por la poesía; el poeta alemán Hölderlin permaneció demente durante décadas preso de una inagotable obsesión por la escritura divina.

Una de las voces más limpias y testimoniales en este sentido es la de Alda Merini, poeta italiana nacida en 1931, quien atravesó varios períodos de internación, silencio y aislamiento. Uno de sus libros, *Clínica del abandono* (2008) está compuesto, entre otros poemas, por aquellos que dictó telefónicamente a sus amigos durante los tiempos de encierro en una suerte de manicomio carcelario. De ese libro, este poema, *La otra verdad*:

> *En los tiempos de la prisión inútil / yo amé a un compañero mío / un pobrecito sin santidad. / Y así de este amor infeliz / has nacido tú, / flor de mi pensamiento. / Nadie en el manicomio ha dado jamás un beso / si no es al muro que lo oprimía / y esto quiere decir que la santidad / es de todos, / como de todos es el amor* (Merini, 2008: 143).

El lenguaje de la demencia dice: tiempos de la prisión inútil; dice: amar en una prisión inútil; dice: amor infeliz que se ama en medio de una prisión inútil; dice: de todos es el amor, es decir, de cualquiera y de cada uno.

Prisión inútil: la lengua que encierra a un cuerpo y a su lengua. Trágica e inútilmente.

El lenguaje severo

No dominamos el lenguaje, se nos dice, no es nuestro. Y esa afirmación es en parte cierta. Funciona sin nosotros, antes y después que nosotros, y pareciera que no hay modo de detenerlo, de asirlo, de amarrarlo, sino de entrar en él como quien abre su cuerpo al torbellino de un río empedrado, a la serenata de los tiempos, al intersticio que queda entre lo que ya se ha dicho, escrito o leído y lo que todavía no se ha dicho, ni escrito, ni leído.

Hay una palabra que quizá nombre la relación que se quisiera con el lenguaje: la detención. Detención no en el sentido de contención ni de suspensión, sino de espera, de pausa, de paréntesis. Detención como calma tensa, como la expectación del discurso, como la modulación de una voz pronta a expresarse o a arrepentirse.

Quizá no podamos hacer otra cosa que detener las palabras, no retenerlas, detenerlas: darles aire, voz, pausa, soplido, resonancia. Tímidamente, sabiendo que no queremos ser partícipes de esas ceremonias funestas de fijación de términos ni de la clausura de los sentidos.

Las palabras detenidas son la murmuración del pensamiento, ese pensamiento que no se dirige a la captura de lo real para asfixiarla o para simplificarla o para dejar de pensar, sino aquel cuya tentación es acompañar el movimiento con movimiento, la soledad con la soledad, la imposibilidad con lo imposible. Palabras que no obstruyan ni destruyan el torbellino de los sentimientos. Palabras que, como haces de luz y nubarrones, den tiempo, no juzguen ni sojuzguen: *"Amigo mío, a propósito de las palabras. No sé de palabras que puedan perdernos: ¿Qué es una palabra para poder destruir un sentimiento? No le adjudico una fuerza así. Para mí todas las palabras son minúsculas. Y la inmensidad de mis palabras no es sino una tenue sombra de la inmensidad de mis sentimientos"* (Tsvietáieva, 2008: 19).

Las palabras frente a la inmensidad de lo que sentimos. Las percepciones frente a las concepciones. Sentirnos acorralados en medio del lenguaje delante de millones de partículas de lo humano que no alcanzan a sujetarse ni a nombrarse.

Y da pena, mucha pena, la exigencia y la opulencia de ese lenguaje severo que se vuelve aliado de la normalidad, lo normal. Cuando decir o pensar crean un pacto espurio entre el lenguaje y la normalidad, algo del mundo acaba. Cuando a un ser, a cualquiera, se lo nombra en la superficie de sus actos o se le impone el contorno opaco de una única identidad, algo del gesto de la amistad, de la igualdad y de la fraternidad acaba.

O, para decirlo de otro modo: cada vez que se dice (que algo, que alguien) *es normal*, un fruto se seca y se arroja desde lo alto de un árbol, un niño se adormece sin desearlo y una conversación queda interrumpida para siempre.

El lenguaje niño

En un consultorio se ven las caras por primera vez un niño y un profesional. El niño tiene cinco años y fue enviado a consulta pues recaen sobre él sospechas de desatención, impericia para el aprendizaje, incapacidad para la conversación, dificultades de adaptación.

En una mesa pequeña y baja el profesional apoya una hoja blanca y algunos lápices de colores para que el niño dibuje. El niño obedece, mientras el profesional se queda de pie, a la expectativa, espiando por encima del niño los trazados que vendrán.

El niño comienza a dibujar una figura circular. No han pasado más de treinta segundos y el profesional ya pregunta:

—¿Estás dibujando un sol?

—No —responde el niño, moviendo su cabeza.

—¿Estás haciendo una cara?

—No —vuelve a repetir el niño con su gesto.

—¿Estás pensando en una manzana o en una naranja?

—No —insiste el niño.

—Ya sé: ¿es la luna?

—No —ahora exhalando una voz tímida.

—¡Estás dibujando un animal!

—No —dice, con cierto fastidio.

—Pero entonces: ¿qué estás haciendo?

—Estoy diciendo *que no* todo el tiempo.

El lenguaje que juzga

El hombre: un animal desalmado que juzga.

Todo su cuerpo se concentra en condenar. Se vuelve severo frente a aquellos que cometen un pequeño mal, por ejemplo: la burla que se supone inofensiva o la patraña que oculta su origen; o que deslizan un mal intermedio: el desinterés próximo al desprecio; o que materializan el peor de los males: asediar desde la sombra espesa del sinsentido, de la torpeza de la comprensión cuando nada hay para explicar.

El lenguaje que juzga está gravoso, carga con el peso de siglos de humillaciones y habita la impericia de la banalidad.

Su carácter lo fue sometiendo a una rigurosa soledad, esa soledad que es resultado de un lento y progresivo abandono de la complicidad y la complacencia con los demás, esa soledad como destierro que hace que el mundo no sea otra cosa que un hervidero de desconfianza, de desapego, de sospechas de unos para con otros.

Más que conversar, el lenguaje del hombre que juzga sopesa, mide, escudriña, desconfía. El *yo en tu lugar*, o *aquello que deberías hacer*, o *lo que sería correcto*, son emblemas de una embestida que la pregunta: *¿está bien o está mal?*, reitera hasta el hartazgo desde los diarios, las radios y las televisiones y se replica en nosotros mismos.

Y el hombre que juzga no se da cuenta del envenenamiento de su lengua. Muy por el contrario, vive largos períodos asumiendo el destino de una altura tan suprema, como innecesaria; cree ser convocado no para conversar sino para ofrecer su clarividencia, su percepción incontrastable, certera; confunde lo ecuánime con el golpe de un martillo que no sabe más que sentenciar a muerte.

Los otros son, para el hombre que juzga, cuerpos indelebles dispuestos a recibir las verdades que ofrece. Pero los demás, poco a poco, se agotan, se marchitan, se apartan. Porque da la sensación, frente al hombre que juzga, que nadie puede distraerse un segundo, desviarse hacia sus propios pensamientos, o hacer el primer comentario que venga a la mente. Y se repliegan como los reos delante del juez y renuncian agotados por las justificaciones y las explicaciones: hacen que escuchan, pero están más pendientes de una hoja que se cae, de una puerta que no se cierra nunca, de la justa distracción. Y con el tiempo salen a buscar el movimiento del sonido de otras palabras, huyen sin dejar rastros.

La moral del hombre que juzga es como una pintura sin grietas. Y eso impide disfrutar de la conversación, de la lectura o la escritura. En vez de leer, por ejemplo, se empeñan en discusiones con autores y personajes —no perdonan flaquezas de carácter, no soportan que todo se resuelva bajo el dudoso manto de una justicia tuerta— y cuando escriben no logran acallar su mente, todos sus relatos prevén falsas historias con un largo desenlace lleno de cargosas y pedantes moralejas.

Nietzsche y la moral: *"La moral es la idiosincrasia del decadente con la intención oculta de vengarse de la vida"*. O: *"Toda moral es un hábito de auto-magnificación, por el cual una clase de hombres está contenta de su modo de ser y de su vida"*. O bien: *"La bestia que hay dentro de nosotros quiere ser engañada, la moral es necesidad de mentira"*. O, por último: *"La moral, con sus preceptos absolutos, ejerce una injusticia sobre cada individuo"*.[3]

¿Tendrá razón Nietzsche, como siempre? ¿Que el hombre que juzga se contenta y apacigua con su lenguaje, sirviéndose de un relato disimulado y banal de su propia vida decadente? ¿Que sus bestias reposan, cautivas, amarradas, en una suerte de desolado invernadero? ¿Que el absolutismo de la moral es injusto con cada singularidad, con cada excepción? ¿Será el hombre que juzga, entonces, la expresión definitiva de una lengua ya incapaz de justicia?

La lengua del hombre que juzga repite una y otra vez: *así son las cosas*. Es una lengua de hombros encogidos. Porque

---

3. Las citas de Nietzsche fueron tomadas de los libros: *Más allá del bien y del mal* (Madrid: Alianza Editorial, 1976) y *Humano, demasiado humano* (Madrid: Biblioteca EDAF, 1993).

las cosas nunca son así, aunque tampoco se sabe cómo sería si fuesen de otro modo.

¿Hasta dónde es posible pensar diferente, tener un pensamiento distinto a lo ya pensado?

Al hombre que juzga la soledad no le ayuda y su pensamiento no pasa de ser una escuálida doctrina.

El lenguaje vagabundo

Mientras esperabas, la gente atravesaba la calle horadando el tiempo y tu detención parecía crearle una justa herida al mundo. Detenerse a esperar a las cuatro de la tarde en una ciudad atribulada es un estorbo para la mayoría de los transeúntes. Más aún si esa espera está rodeada por una levedad absoluta. Eso es imperdonable para la máquina de una ciudad que vigila y persigue a toda hora nuestros desacertados movimientos.

De repente, una revelación de ésas que sacuden la calma de la mirada: sentados, enfrente tuyo, bajo un portal agrietado de un edificio en ruinas, ese perro y ese vagabundo, aletargados sin prisa ni demora, extendidos más allá de lo aconsejable, nauseabundos, raquíticos, desgreñados, idénticos.

Si fuera un espejo, te decías.

O si fuera una proyección de ese milímetro inexpresivo que separa apenas por un instante la espera inquieta de la espera definitiva.

O si fuese la exasperante desilusión de lo humano.

O una transparencia al fin sin escrúpulos.

Tú y tu espera ordenada, programada, de pies anchos, sin ninguna intranquilidad. Del otro lado, cada vez más cerca, cada vez más certera en el centro de las pupilas, esa espera de siglos, la espera de los siglos de lo humano.

Dejaste de esperar, para comenzar a exasperar.

No sabías cuál de los tres dolores te hundía más: si el dolor al perro, si el dolor al vagabundo, o el dolor a esa evidente inseparabilidad entre el vagabundo y el perro. Miraste, entonces, hacia los ojos que creías extraviados: ¿en qué dirección van la mirada de quien no espera y se echa al abandono, al desafecto, a la patria perdida y nunca devuelta de la infancia?

Cruzaste la calle. Habías olvidado a quién y qué esperabas.

Te acercaste con sigilo a ellos: ¿para qué? Ofreciste tres monedas, preguntaste si todo estaba bien —las palabras más ridículas y más necias que alguna vez salieron de la superficie de tu boca— y si necesitaban algo para comer. El perro te observaba, pero el vagabundo no. El perro gruñía, el vagabundo rumiaba. El perro comenzó a olfatearte y algo no le gustaba. El vagabundo abrió los ojos extrañamente verdes y te pidió un cigarrillo. Rozaste sus manos con ese tremor absurdo por la aspereza abrumadora de la piel y le acercaste el fuego. El perro te olía las entrepiernas y comenzaba a mover la cola, mientras el vagabundo te apretaba las manos para que el fuego no escapara.

Tres segundos con los dedos aprisionados en sus dedos finos, mugrosos, deformes. Tu mano, tus dedos, tu brazo, todo tu cuerpo te parecía insulso, sin vida, arrojado a la nulidad de una materia demasiado blanca.

El perro comenzó a ladrar, a desesperar, el vagabundo daba caladas profundas, intermitentes, erráticas. Tenías entre tus cosas unas galletas de otro día.

Abriste el paquete, ibas a darle una galleta al perro. El vagabundo te lo impidió, sujetándote la otra mano. "Siéntese", te dijo. ¿Sentarse, dónde, cómo, aquí mismo, bajo todas las miradas, en medio de este hedor insoportable?

El hombre te estaba invitando a una celebración inédita y dudabas. Dudabas de la conveniencia, de la pertinencia, de la existencia. Quienes pasaban te observaban como si fueras perro o vagabundo.

Y fue exactamente eso lo que te ayudó a tomar la decisión: ¿de qué lado estabas? —siempre la peor cuestión, la cuestión mal formulada, pero ahora cierta, tangible, hecha de materia humana—. Te sentaste entre el perro y el vagabundo. En no más de veinte segundos el aroma nauseabundo dejó de serlo, la exterioridad se ausentaba o se perdía remota en una imagen por completo ajena.

Todo estaba allí: el perro, el vagabundo y tú mismo ¿cuál era la diferencia? Una galleta para cada uno. Un tiempo sin Dios ni prisa ni limosna.

Tres soledades sin ninguna necesidad de espera.

Y luego te repiten a mansalva, ponerse en el lugar del otro.

Una de las ilusiones más lastimosas, aun con su apariencia de bondad, de inválido altruismo, cuando los lugares son cuchillos o esquirlas de existencia.

"Ponte en mi lugar" dice, por ejemplo, la mujer con el lomo destruido por la carga de siete niños; "ponte en mi lugar", expira el anciano dos segundos antes de su muerte; "ponte en mi lugar", grita la prostituta encarcelada; "ponte en mi lugar", suspira el niño que limpia cristales en las avenidas; "ponte en mi lugar", protesta el que lo ha perdido todo en este instante que se ha declarado la guerra.

Pero el hombre bien vestido, la mujer de cuello alto, el niño de escuela bienaventurada, la niña de trenzas finas, el banquero cuyo rostro no conocemos, el avaricioso político o el pedófilo encubierto de religioso nunca dirán "ponte en mi lugar", nunca lo querrán.

Decía el filósofo: es indigna la pretensión de ponerse en el lugar del otro. Dices: porque ése lugar es, justamente, del otro. Si te pones allí, lo pisoteas, te sobrepones, ocupas, silencias, corroes una presencia. Das por sentado. Vaya metáfora torpe.

La indiscreción, la pregunta por la identidad y la exigencia de visibilidad lo han recubierto todo de una ingenua transparencia: "dime qué te ocurre, cuéntanos tu historia, relata el desatino y el naufragio de tu existencia, háblanos de ti, muéstrate ante nosotros tal como eres".

Dice otro filósofo, con ironía: "haz de cambiar tu vida". ¿Ponerse en tu lugar o exponerse a lo que quieras conmigo? ¿Qué superficie ocupa un lugar que es de otro, cuáles los límites minados, alambrados, dóciles o infaustos, dónde hay alguna advertencia que nos enseñe algo sobre el no sobrepasarnos?

No, no se trata de la individualidad. Ni siquiera de la intimidad.

Es que somos roces —delicados y violentos, apasionados e indiferentes, táctiles y visuales, aletargados y efímeros— de una aldea común, sin geografías ni astronomías a disposición.

Es el tocarnos: se toca una puerta para que se abra, se toca un rostro para percibirlo, se toca una mano para sostenerla, se percibe el abismo al retirarse.

Lenguaje y tiempo

Una unidad de tiempo —por ejemplo un día, una semana, una década o, incluso, un siglo— no es una unidad de sentido, de sucesos ordenados, acicalados como el borde liso de una mirada cerrada o de una boca que nunca encuentra sus palabras: ¿cómo podría serlo? ¿Cómo disponer de la ignominia, lo infausto, lo ilegible, la timidez, lo que no asoma por decoro, por exceso o por vergüenza?

Una unidad de tiempo es un escozor, o un bostezo, o una caricia, o una desatención, o un relámpago, la mano apenas estirada de un mendigo, un golpe de ojos indeciso o, también, la declaración subrepticia de la tormenta. Una unidad de tiempo es exigir tanto como un segundo. Exigir: pedir, asumir, tomar, robar, sentir.

Para que dos o tres hechos que ocurren en el mismo instante tengan alguna relación entre sí es necesario inventar más de un tercio de la historia, disimular sus pliegues, eludir la tentación de la moral e, incluso, rehuir de la intemperie absoluta de lo ajeno. Una unidad de tiempo no es ni correcta ni incorrecta, ni justa ni injusta, ni sabia ni ignorante: sucede, acontece.

Pero: ¿qué es la historia o su relato sino la incapacidad para explicar la duración del asombro, la intensidad del instante? La explicación está en el lugar de la piel. La ocupa. La enfría. La seca. Hace de la piel su hueso y del hueso una humareda que se escapa por el resquicio de una puerta.

No se explicará: durará el asombro el tiempo en que los ojos logren permanecer abiertos, atentos, decididos a ver lo que de otro modo desaparece. Durará el asombro hasta que una nueva interrupción deje paso a otra indiferencia.

Entonces: ¿cómo es posible que una mujer ame en el límite de sus fuerzas sin que haya nadie —nadie, es decir: la sombra oscura e imprecisa de un fantasma— de la otra parte? ¿O que en el mismo minuto en que se desata una guerra, en otro sitio haya un hombre fumando o tosiendo indiferente? ¿Qué relaciona a un ciego que no acaba de cruzar la calle con una señora que pasa horas mirándose en un espejo? ¿Cómo es posible siquiera imaginar que a un dolor le corresponde un silencio, un desatino o nada?

La historia de lo humano parecería ser la historia del quizá, del casi y del sin embargo.

Quizá si alguien se hubiera dado cuenta de algo ínfimo, de su distracción o de su excesiva atención, quizá si aquel niño no se hubiera escapado ni golpeado fatalmente su cabeza, quizá si dos individuos se hubieran conocido antes, quizá si el terremoto hubiese comenzado lejos de aquí, quizá si un perro no hubiese atravesado la avenida. Quizá si no se hubiera dicho aquella palabra. Casi seríamos distintos, casi otra cosa, casi en otra parte, casi sin desearlo, quizá sin reconocernos. Y sin embargo no fue eso lo que ocurrió, ni tampoco lo contrario. La ilógica del tiempo está gobernada por la impericia sustancial de las casualidades.

En el infinito entramado de azares que es el mundo a veces ocurre que diferentes personas no se cruzan ni conversan de milagro. Algunos parten tres segundos antes que otros o se enredan en una distracción que los hace llegar más tarde o están en el sitio donde jamás deberían estar o son gente que nunca sale y nunca conversa. Algunos se han detenido sin motivo, otros se han perdido, otros se han ido cuando no correspondía y otros estaban a punto de decir algo que callaron o repitieron demasiado cuando lo oportuno era un silencio cauto, retraído.

Toda vida es un compendio errático e inexacto de quimeras: tener, sentir, padecer, vivir una vida no significa otra cosa que ser capaces e incapaces de otras vidas. El destino es una palabra que solo puede pronunciarse un poco antes de la muerte. El porvenir es una encrucijada que no espera. El pasado crece a los lados como si el cuerpo no tuviese agallas para contenerlo.

Cuatro ejemplos.

Una niña juega sentada sobre la hierba, mientras su padre aspira y desparrama un tabaco fuerte. La niña no sabe qué le tocará en suerte. Quizá alguna vez recuerde el aroma mezclado de esas hojas amargas encendidas y de su juego incesante sobre la hierba. Pero no tiene idea de lo qué será cuando, después, se le pregunte o se pregunte a sí misma quién sea. Esa niña quizá juega con otra niña y no sabe que ya no volverá a verla jamás; no prepara su vida, nada de esto derivará en aquello, no anticipa los días, no tiene otra pretensión que hacer perdurar la atmósfera en la que se encuentra. Una atmósfera: la mezcla imperfecta de un olor, un sabor, un sonido y la conciencia en otra parte. Ni siquiera repara, ahora, que su padre lee apoyando el libro sobre su brazo quieto. Ignora que le tocará una vida de difamación, de memoria aturdida y de décadas de encierro.

Una mujer y un hombre aún no se conocen ni se encuentran, porque todavía son una niña y un niño. No saben que pasarán la vida juntos, ni tienen idea alguna sobre un barco que navegará treinta y dos días hacia una patria extranjera. Ella aún tiene el cabello rojizo y él se pasa las horas en el campo trabajando con sus padres. Todo lo que ahora hacen no conduce a ningún encuentro. A ninguna parte. A ningún recuerdo. Los días sólo pasan hasta donde es posible mirarse. Él no sabe que sus tijeras le desfigurarán los dedos para vestir a señores y señoras desatentos. Ella no sabe que confundirá los recuerdos como quien confunde el movimiento de las olas o el azul y rojo y amarillo de los fuegos.

Otra niña ignora por completo que será una poeta reconocida fuera de su tiempo, aunque desde muy pequeña pasa las horas dibujando y escribiendo y ya a los siete años cree saberlo todo y siente que tiene todo el tiempo por delante. Jamás ha pensado que tendrá tres hijos y que uno de ellos, la más pequeña, morirá por inanición demasiado pronto. Tampoco elabora su futura sensibilidad extrema, ni cocina a lentitud de fuego un amor que le será eterno. Ignora que sus cartas serán leídas fuera de su época.

Un niño de siete años camina descalzo por un pueblo desierto. Es la hora de la siesta y sólo él y los insectos y la brisa entre los álamos siguen despiertos. Ese niño que ahora juega con las piedras –descubriendo rugosidades, lisuras, tersuras– no tiene idea de lo que es el trabajo ni por qué la mayoría de los adultos tienen la voz amarga. Mira el cielo y cierra los ojos para no enceguecerse con la luz violenta del inicio de la tarde. No se pregunta por la injusticia ni por la justicia. Sólo desea que ese instante no acabe nunca.

Todos estamos delante de algo, alrededor de algo, debajo o encima de algo, que por ahora no entendemos: la vida y la muerte, en apariencia distantes, disueltas, impropias, ajenas.

Nadie sabe que en algún momento recordará su infancia como ese tiempo en que no era necesario ni pensar ni pensarse.

Nadie sabe qué vendrá, qué querrá, dónde, qué hará, si podrá hacerlo.

Por eso la vida es tanta. Y tan breve.

El lenguaje exiliado

Bajan a tierra después de treinta y dos días, después de vómitos y frío y mar abierto y ningún paisaje y ninguna palabra, después de dos años de espera, después de tanta hambruna, después de tantos siglos de echar raíces, después de zares y princesas y guerras y destellos que sólo la memoria podrá resguardar o ignorar.

Bajan a tierra como exiliados, como miserables, como hambrientos, como prófugos de la propia vida. El exilio comienza lejos y acaba lejos: los rostros son esa mirada que se deben olvidar, olvidar de nuevo, y volver a olvidar. O detener por un tiempo la memoria, agarrarse a algo que ya está suelto: un árbol sin nuestros nombres, una tierra sin habitantes, una familia que todavía no nace y ya soñamos.

Rostros ajados cuyas arrugas ahora no cuentan. Idiomas que no se comprenderán hasta mucho más tarde. Soledades de a uno, de a dos, hasta tres —y no más— que no podrán revelarse.

Bajan a tierra y se preguntan: ¿Qué tiempo hace, qué hora, qué día? ¿Quiénes son los que aguardan con vestidos blancos atravesados por cruces rojas? ¿Dónde está, cómo es la ciudad, el pueblo, la villa, más allá del puerto? ¿Por qué todo está repleto de desconocidos y no hay conocidos que esperan?

La comunidad que se formó sobre cubierta, en la zozobra de treinta y dos noches iluminadas, ahora se está deshaciendo. Allí están: se fueron de sus tierras formando fila y llegan, ahora, a una nueva hilera. Como si la vida dependiera de la fila en la que te has metido. Como si la vida y la muerte se jugaran a acertar o desacertar la fila.

Siete filas que poco a poco llegan hasta siete mesas con siete funcionarios de gobierno y siete traductores del país nuevo. El azar está por acabar. El destino ya no es el propio sino de los sellos y del orden meticuloso de las indicaciones ajenas.

El piso ahora está firme, ya no hay movimiento, ya se está sobre la tierra. Una tierra aún sin nombre, sin estepas, sin lobos. Mejor estar aquí. Mejor la tierra quieta.

No se toman de las manos, nunca lo han hecho. El amor no es tomarse de la mano sino ser condescendientes y crear descendencia. El amor es el trabajo, la comida, la siesta, la larga mudez del silencio.

Miran hacia adelante y no comprenden. Miran hacia atrás y no son comprendidos. Pero si se miran a los ojos o miran ese suelo nuevo que es el mundo, se apaciguan un poco, se calman.

Avanzan tan lentamente que es inútil la ansiedad. Avanzan como si fuesen cuadrúpedos, seres desacertados, sombras que se adelantan al propio cuerpo, piernas solas. Escuchan. O creen escuchar a algunos en su propia lengua:

— *Llegamos demasiado pronto al mundo y demasiado tarde a
todo el resto.*
— *No quisiera escaparme nunca más.*
— *No hay que llorar. Éste es el mismo suelo.*
— *¿Qué nombres nos darán? ¿Cómo nos llamaremos?*
— *Se me olvidó el espejo, los pañuelos y la sartén de hierro.*
— *No siento mi espalda.*
— *Mi estómago está perdiendo deshechos.*
— *¿No has visto a ese señor de saco de piel que estaba con la
señora demacrada?*
— *Qué bonito frío hace aquí. Parece primavera.*
— *Quisiera no tener que comenzar de nuevo. Quisiera volver
a ver las huellas que dejé sobre la nieve.*
— *¿Seguirá existiendo nuestro pueblo?*

En treinta y dos días de travesía doce personas murieron,
hubo siete nacimientos, nueve matrimonios, dos separaciones,
treinta amores en ciernes, cuarenta y un enfermedades, tres
niños perdidos, setecientas trece cartas escritas sin poder ser
enviadas.

Ahora se miran, no sonríen, avanzan poco a poco. Quieren
llegar a algún sitio. No importa cuál. Y dan otro paso. Y otro.
Cada a uno prefiere dejar de escuchar.

Quisieran comenzar a mirar. A respirar nuevamente. Es decir: a confiar en el lenguaje una vez más.

El lenguaje averiado

Una mujer tuvo un golpe en la cabeza y perdió por completo
el lenguaje, durante tres días enteros.

Una piedra inesperada que golpeó sobre la región temporal
izquierda de su cerebro al final de una caída inoportuna. Ella
sólo recuerda que la piedra parecía proceder del cielo, no del
suelo.

Le dijeron una y otra vez que ése es el sitio donde está el
lenguaje. Y ella comprendió que ése sitio era la piedra.

Qué extraño: ella siempre había pensado que el lenguaje estaba en medio, no en, no adentro, no en un lugar específico, sino en medio de dos, de tres o incluso de más, en medio de una palabra y una duda, en medio de una pregunta y el letargo de su respuesta, en medio de un gesto y una interpretación, entre el balbucear y el tartamudear, entre el decir y el escuchar.

No recuerda cómo fue el golpe, porque estaba caminando por la ladera de una montaña, bordeando un arroyo quieto, pisando una piedra, luego otra y luego nada. Pero si lo recordara, en este preciso instante no podría contarlo. Nadie puede contar la vida como si se tratara sólo de un deslizamiento, de la pérdida de los pies y luego el aire vacío hasta el suelo.

Despertó horas más tarde en una sala repleta de enfermos de casi todos los males, a través de la voz de un médico –joven, sereno– preguntándole por su nombre. Si lo supiera, pensaba, no estaría aquí. Saber su nombre es saber todo lo demás. Pero no lo sabía. Después, sí. Lo recuperó como quien recupera su juguete preferido, esa voz que sabe nombrar el caos de su propio cuerpo.

Días más tarde nos cuenta cómo se sentía cuando no tuvo lenguaje. Nos lo cuenta como quien relata un misterio único: el lenguaje perdido y luego reencontrado, el lenguaje afásico y luego esplendoroso, el lenguaje que se había tomado un respiro y luego vuelto a respirar al unísono con ella.

Dice: es como tenerlo en la punta de la lengua pero lo que ocurre es que en vez de escupirse se traga. El lenguaje deja de ser víbora y se convierte en una amarga tentación del silencio.

El lenguaje parece una unidad, pero una piedra cualquiera lo hace estallar en mil esquirlas: un vacío dentro de un paréntesis, una silueta delgada a expensas de los cambios en los tonos de voz, la música que no llega a tocarte y se disfraza de sombra, un muñeco desnudo que sólo desea dejar de ser bautizado.

La pérdida de su lenguaje no duró mucho, pero cuando algo como el lenguaje está ausente parece como si al mundo le quitaran su manto y quedaran elementos sueltos, desperdigados, nubes fuera del cielo, cruces fuera de los cementerios. Lo peor es el balbuceo, que es saliva, no es palabra.

Estar sin lenguaje es como haber estado en un páramo —o en el interior de una ciénaga— sin ningún ánimo de conversar. Enseguida viene el dislate: la boca atolondrada y el embrollo de sonidos, como si se quisieran nombrar todas las cosas del mundo y no se pudiera decir absolutamente nada.

El lenguaje en sus extremos: grito y soledad

Hace ya más de ciento y cincuenta años Edward Munch dejó el legado de un grito famoso, un grito que aún está gritando: un rostro en el límite de lo humano, los ojos solos, la boca abierta hasta sus fauces, las manos apretándose los oídos, el bosquejo de una nariz escasa, nula, irrelevante.

El grito de ese rostro-calavera que expresa la inaudible experiencia de la soledad, la angustia o el dolor —que es tan interior como exterior—, como si el individuo no fuese más que el límite de una vibración sonora, un fragmento de un mar revuelto en la agonía contenida y ahora expuesta en carne viva: círculos o esferas del sonido más regresivo y más conmovedor.

No hay modo de sustraerse a esa desesperación de una voz que muestra el horror de la especie, o el límite insuperable de las continuas tragedias, el final visible de una larga historia de torturas, sacrificios y violencias.

Después del grito lo humano acaba, se pulveriza o se revierte: el estruendo ensordece y alcanza todos los sitios, todos los tiempos, aturde al pasado y al futuro, a la pradera, al río y al acantilado, al niño, al anciano.

Un grito puede ser la culminación de la soledad, su despertar o su temblor último.

Complicidad, el otro como cónyuge, de tanto conocerse, de ser lo humano tan conocido, perdió la intimidad consigo. Y se sorprende de algo que ha dicho, hecho o pensado, como si se tratara de un otro, incapaz de comprenderse, de ayudarse, de quererse. Cansancio, agotamiento, el límite de la finitud parece estar frente a sí mismo.

La voluntad de escapar, aunque necesaria, aunque urgente, cavará su propia fosa: ya algo no regresará, ya alguien no estará con otro nunca más. Quien amaba, perseguirá; quien acompañaba, tomará tal velocidad que se perderá enseguida de vista; quien hablaba, ya no escuchará.

Lo humano está extenuado, no puedes más: es aquí donde la fragilidad se quiebra en cien pedazos y, aunque permanezca un hilo de voz, se sabe que no se recompondrá la historia de la vida, porque esa historia no existe como tal, es una composición descompuesta desde el inicio, el artefacto de un lenguaje pulverizado por la norma, por el embate de lo nuevo sobre lo viejo, por la pérdida progresiva de las buenas razones, porque, en fin, no hay una única narradora ni una única narración.

A menos que se experimente otra vez la voz huérfana, la voz que tiembla y cambia; se oirá decir y se escuchará decir cosas mucho más compasivas, más complacientes.

Un grito puede acabar o cambiar una vida.

Cambiar, sí, pero no el trueque de mercancías. Cambiar como el riesgo que corre la belleza en destrozarse, cambiar como el peligro que asume la insensatez del amor, cambiar como desorden nuevo. Moverse desde un rostro que calla hacia un destino que tiembla.

¿Y si cambiar no fuera sino la transformación del tiempo en una disyuntiva entre lo urgente y lo paciente, la prisa y la pasión?

Es cierto: la soledad gira en el sentido contrario a las agujas del reloj, en la dirección opuesta a la traslación de la tierra, en el camino inverso de la humillación y en el mismo abismo que la intensidad del amor. No ser nada, no ser nadie, no ser alguno, no tener nada para decir o pensar o hacer que trascienda alguna frontera, alguna persona. Esto es, también, la voz de la soledad: la que nos confirma la nulidad del ser, la ausencia de sentido, los paisajes desiertos de símbolos que digan algo a propósito de donde venimos y hacia donde vamos. Viene a la mente la imagen de un secreto invertido, la inadvertencia de unas palabras que rozan el cuerpo, de uno en uno, dentro, como un escalofrío que enmudece y habla a la vez, bajo una suerte de descubrimiento sin nada dentro, un escozor absoluto y vacío, fecundo y yermo.

Hay algo, un susurro, un secreto que se calla o se silencia o empalidece, pero no para abandonar la palabra y que permanezca en la retaguardia del cuerpo y de la lengua –como escribió Derrida (1998)–, sino porque todo secreto es extraño a la palabra, es extranjero a su sonido.

Y el secreto dice: quedarse uno solo, quedarse a solas. Retiro o residuo. Centralidad o despojo. Hostilidad del amor ausente, de la amistad vaciada en el cuenco de arcilla seca, de los sueños retirados, de los huesos anclados a la dádiva de los fantasmas. Ser uno su propio pordiosero. O bien: permanecerse, sostenerse con lo poco que somos en las migajas de nuestras pasiones indecisas.

La hospitalidad de un cuerpo siempre en ascuas, siempre en puntos suspensivos, siempre entre paréntesis. La soledad como condición, como despedida o, en fin, como el grito último del desgarramiento.

El secreto de la soledad no desea traducir de afuera hacia dentro ni de dentro hacia fuera, como si se tratara de un lenguaje enmendado en su pasaje por la piel –la piel luminosa que mira hacia el sol, la piel oscura que se topa con sus vísceras– si no, más bien, contradecir; esta es su voluntad: hacer que toda afirmación se vuelva torpe, que toda pregunta insista en preguntarse, que los adjetivos no encuentren calma ni reposo, en fin, que las palabras no transiten como tibios pasajeros de un viaje de iniciación y desfallecimiento.

En vez de historias, aquello que la soledad cuenta son secretos nunca tocados y que se acercan a lo que hay de más vital en la muerte y de más mortal en la vida. Es como si el lenguaje de la soledad desconfiara de nosotros, de nuestros argumentos y explicaciones y esperase a que la humanidad se duerma: las verdades se desmoronan, los gestos adquieren otro rubor, la vergüenza y el deseo hacen todo lo restante.

La experiencia de la soledad es la experiencia de aquello que no se podrá nunca y aún insiste; de sabernos precarios, provisorios todo el tiempo, frágiles en cada sitio, seguros de nada, vulnerables a cualquier palabra, a cualquier caricia, a cualquier otro, quienquiera sea, donde quiera que esté, en cualquier momento, en un instante que ya está hecho de silencios, dilataciones, revueltas y penumbras.

Sin embargo, la vida es un relato alternado de soledades e interrupciones, es decir, también existe el lenguaje que ordena, que controla, que guía, que habla, un lenguaje que interrumpe casi siempre en el momento menos deseado y con efectos impredecibles: hay veces que una cierta interrupción a la soledad es necesaria, la sacudida a la pereza oxidada o a su idea, el despojo de la parsimonia frente al horror; es bien cierto que para pensar hay que verse interrumpido en el pensamiento.

Pero hay otras veces en que una interrupción es una tragedia y es preferible no ser interrumpido ni en el lenguaje, ni en la atención, ni en la memoria, ni en la ficción, ni en la lectura, ni en el amor. La vida queda cansada, agotada, por las interrupciones y es entonces cuando reaparece la soledad en su destino de morada, de refugio, la construcción de un silencio impermeable, con restricciones de paso.

¿Hay acaso una soledad a la que se pueda considerar soberana y *alegre*?

Tal vez sí, pero es imposible darse cuenta de su sonrisa ni de su ternura ni de su belleza, hasta que alguien, hasta que algo la interrumpe con el soplido renegrido que anuncia, una vez más, la insistente gravedad del mundo.

Silencio y pensamiento

El segundo después del golpe es la soledad. No el golpe, el segundo después.

Cuando lo que ha estallado en el rostro o en el abdomen o en la espalda o incluso lo que no ha dado en el blanco se derrama hacia todo el cuerpo, hacia toda la vida, hacia adelante y atrás, como si sacudiera el pasado y humillara el futuro dejándolo sin porvenir.

El golpe, sí, pero sobre todo el inmediato recuerdo de un motivo sin motivo, la furia, el desdén, lo insostenible, la soledad que da miedo porque allí está el recuerdo del golpe anterior. Éste es el miedo: la memoria infinita de los golpes.

Pues el miedo es, siempre, una sustracción violenta a la soledad. Pero: miedo a qué, miedo de qué, miedo por qué, miedo dónde. Bajo la persecución de los sueños impropios, la disciplina, el mandato, la vanidad de lo normal; de frente a lo que es aun mayor que el propio cuerpo, mirando una sombra que no es la propia.

En la ciudad, en medio de la espalda de la noche, como si no hubiera espacio a los lados y la tierra se abriese sin nada debajo, sin sostén, sin atmósfera.

Miedo a la obligación de permanecer aquietado, inmóvil o a la imposibilidad de recordar u olvidar, o una detención jamás deseada en el umbral del deseo.

Lo humano como el relato del miedo.

Los primeros astrónomos sentían miedo del cielo excesivo. Los primeros vivos sentían miedo de los primeros muertos. Los primeros lectores sentían miedo de las primeras lecturas. El libro fue ahogado en la hoguera. Todos sintieron miedo del fuego lector. Y aún hoy es así.

Toda lengua en el miedo se debilita, se contorsiona, se seca. Habrá que dejar el miedo en reposo para que no sea una respuesta sino una pregunta que venza su tartamudez. Dejarlo aparte, no ignorarlo, no desquiciarlo, pero aparte.

Hacer que el miedo interrogue, que se traduzca. El miedo puesto en palabras, tiene miedo de sus palabras. El miedo debería ser anterior: miedo al amor antes del amor. Miedo al destino antes del destino. Miedo al suicidio de la hojarasca antes del invierno.

Pero también el miedo como duración: durante el amor, miedo a perder el amor; durante el destino, miedo a no tener porvenir; durante la hojarasca, miedo a la precipitación de un último invierno; durante la soledad, miedo a no poder estar solos.

¿Estar solos?

Vacuolas de soledad, escribe Deleuze.

No saber qué es la soledad, pero mucho menos qué significa vacuolas. Dice el diccionario que son como sacos limitados por una membrana, llenos de agua con varios azúcares, sales, proteínas y otros nutrientes disueltos en ella; y que cada célula vegetal contiene una sola vacuola de gran tamaño que usualmente ocupa la mayor parte del espacio interior de la célula.

Vacuolas de soledad, y de silencio, escribe Deleuze. Basta de expresión, basta de esas palabras inútiles que se posan sobre el aburrimiento como moscas en la miel resecada, basta, incluso, de creer que siempre habrá algo para decir, como si el lenguaje fuese la obediencia de la realidad a las palabras o el sometimiento de uno hacia el lenguaje.

Compelidos a decir, forzados a desatar el nudo de la garganta, a deambular como seres murmurantes, pensar que el único remedio para el anegamiento del sonido es el silencio: la abstención del hablar, el vacío del ruido, la detención musical.

Podrían coleccionarse las formas en que, paradójicamente, el silencio es pronunciado: el silencio en la noche, el testigo silencioso, el silencio de los inocentes, el silencio es salud, el silencio sepulcral, el silencio-hospital, el silencio de las bibliotecas, el crimen silencioso, el silencio cómplice, el silencio del bosque, el silencio del claustro, la muerte silenciosa, la calle silenciosa, el silencio creativo, el muro de silencio, los sonidos del silencio, el silencio de los amantes, el silencio de la lectura —a partir de san Ambrosio, aclaras—, esa frase atribuida a Shakespeare: *"es mejor ser rey de tu silencio, que esclavo de tus palabras"*, o aquella cita que se dice corresponde a Beethoven: *"Nunca rompas el silencio si no es para mejorarlo"*, el silencio es oro, el silencio interior, el silencio del más allá.

El silencio como la falta de sonido, el lugar y el tiempo, donde nada ni nadie parecen querer ni poder decir, decirse. La simpleza del callarse, se trasmuta en la complejidad de lo que parece ocultarse: es tan simple el silencio que crees que no hay nada para comprender ni para interpretar. Pero a poco que lo piensas, sientes que el silencio es como el reverso de la voz, o bien, como una voz que está pronta a evocar su forma más pura.

¿Habrá que darle soledad y silencio a la gente, en vez de cantidades ingentes de proposiciones desgastadas, pisoteadas, nulas?

No existe ese privilegio, existe el don, la donación. Pero, cuidado: siempre han dicho que hay que dar voz a los que no tienen voz. Esto no es cierto: no hay que dar voz a los que no la tienen, porque todo el mundo tiene voz. La cuestión es ir a los sitios donde la gente ya habla. La cuestión es escucharlos.

Da la sensación que el silencio tiene algo de concluyente, de definitivo, de decisorio que la palabra ya dicha no tiene. Como si el silencio ocupara el espacio de lo innombrable, de lo indefinible e, inclusive, de lo ambiguo, lo bizarro y tal vez de lo efímero, de aquello que irremediablemente se te escapa, se te pierde, se diluye. No hay palabra conocida que pueda con ello.

Después del grito lo humano quisiera pensar el silencio en lo que tiene de calma, pero no de parsimonia; sentir al silencio como un aliado de la mirada, pero no del halago ni de hostilidad; quisiera el silencio como una vigilia contra esos estafadores de palabras que creen doblegar con su hablar toda la fatalidad del universo; quisiera lo humano retirarse en silencio, bajar la voz, apagar todas las luces, no hacer nada que huela a lenguaje; quisiera no ser nombrada por nadie a toda hora, ni nombrar la soledad de ninguno todo el tiempo, en todas partes; quisiera un espacio de soledad, encontrar ese lugar solitario, como dice Pascal Quignard (2014: 22), para ensalzar allí la inseguridad de pensar, el silencio tembloroso del pensamiento.

LECTURAS

Leer como gesto.
Leer como dejar.
Leer como soledad.
Leer como sabor.
Leer como abrir los ojos.
Leer para resucitar a los vivos.
Leer sin poder dejar de hacerlo.
Leer como petición.
Leer, leyendo.
La lectura y sus moradas.
Leer en la duración.
El laberinto de la lectura.
Leer entre edades.
Leer es releer.
La lectura y el miedo.
La lectura y el pasado.
El adiós al libro.
Leer el amor y el suicidio.
Los peligros de la lectura.
Lectura y ficción.

> ෬ *A veces me sentaba en la hamaca para balancearme con el libro abierto en el regazo, sin tocarlo, en un éxtasis purísimo. No era más una niña con un libro: era una mujer con su amante.* (Clarice Lispector). ෬

Leer como gesto

Un gesto, apenas un gesto: abrir un libro, es decir, dejar la mirada, dejarse olvidada la mirada, dejarla casi abandonada, alrededor de algo que no es tuyo y que, quizá, alguien te ha dado. Te lo ha dado, y es mejor no ver su mano, que la mano no se muestre, que la mano desista de revelarse como el origen. Pero que deje más o menos cerca, amorosamente, insistentemente, un libro, el gesto de dar la lectura, de dar a leer.

Alguien te ha dado la posibilidad de abrir un libro. Y será mejor no quedarse allí para preguntarte, para indagarte, para someterte al juicio de lo que deberías leer, de lo que deberías ser. Alguien, cuya mano está dispuesta a un convite tan simple como milenario: dar a leer. Dar a leer porque sí. Dar a leer porque alguien ha escrito algo antes. Dar a leer porque alguien ha leído antes.

Siempre alguien ha escrito y leído antes. ¿Antes de qué? De tu nacimiento, de tu cuerpo que todavía no es pero ya existe. Antes de que pudieses abrir los ojos, para sonrojarte o para desolarte, ya hay alguien que escribió y que leyó algo antes. Alguien escribió algo y, quizá, sin otro motivo que el de poder leerlo, dará comienzo esa extraña tarea de encuentros y de desencuentros, de soledad y multitud, de pasividad y turbulencia.

Primero, torpemente, es decir, sin saber muy bien si lo que hay que hacer es reconocer la letra o la palabra o la voz que antecede. Luego, audazmente, como si la lectura tuviera que ver con la voracidad. *"Lector, esperaba los libros. En espera del libro, lo buscaba como (perdón por decirlo así) un animal que tiene hambre"* (Quignard, 2008: 58). Más tarde, al final, serenamente. Porque de algún modo la serenidad te dará un lugar en la lectura.

Alguien ha escrito y leído antes. Alguien es una mano que ha escrito y otra mano te dará a leer para que tus propios brazos realicen el gesto de abrir un libro, abrirte a la lectura, provocarte una hendidura por donde pasarán, como lentas conversaciones, palabras que no son tuyas, hilos que no son tuyos, heridas que no son tuyas, pero que podrían comenzar a serlo.

Porque: *"Como lector se abre, es abierto, el abierto, como su libro está abierto, se abre como una herida está abierta, abre y se abre, se abre del todo sobre lo que la desborda del todo, y la abre"* (ibídem: 53-54).

Abrir un libro, ese gesto no es sólo la abertura del libro, no es apenas "abrir el libro". Se abren, a la vez, posibilidades e imposibilidades, el estar presente y el ser sustraído, la musicalidad y la taciturnidad. Se abre el desconocimiento más auténtico, el único que de verdad ni sabe ni puede saber jamás: el de no saber cómo se continúa el presente, no ya hacia adelante, sino a sus lados; el de ignorar la propia voluntad de saber; el de renunciar a la ya conocida y alicaída palabra siguiente.

Abrir un libro: un gesto inicial que quizá te confunda de dirección, te entorpezca la urgente felicidad a la que te convoca este apurado mundo, te quite del tiempo destemplado al que te llaman insistentemente apenas para humillarte, para destituirte, para ofenderte. Un gesto que es acaso contrario a la muerte, aún cuando te ciegues, te endurezcas, te ofusques con la doble letra del mundo retratado en la escritura. Doble letra, doble palabra, doble fragmento o quizá más aun: tu palabra ahora no importa, las palabras de orden tampoco, pero están allí, disputando uno a uno el recorrido de tus ojos sobre la lectura. ¿Qué elegirás? ¿La palabra brutal pero ya encarnada? ¿O la palabra fácilmente amorosa que sólo da y recibe hipocresía?

Al menos algo podrás elegir. Algo que, incluso, no entenderás. O que, al entenderlo, volverá a huir o a perderse. Como si las palabras en la lectura no se detuvieran en tu memoria, sino que saltasen de hoja en hoja, de libro en libro. Quizá en la escritura te parezcan estatuas. Pero en la lectura, esas mismas palabras son danzantes, extraños torbellinos que no arrasan: danzan.

Leer es como no haber leído antes. Atravesar un mundo desconocido, un tiempo desconocido, gestos desconocidos, palabras desconocidas.

De párrafo a párrafo, aquello que parecía ajeno y lejano comienza a existir en uno, como si fuese posible habitar un cuerpo que no es el propio, una voz incógnita.

Sin embargo, leer no es conocer lo desconocido, ni ocupar un abismo infinito con palabras ordenadas.

Leer es ir desconociéndose poco a poco. Como si nunca hubiésemos vivido antes.

Sin embargo, algo podrás elegir, aunque nadie sepa cuándo, ni estemos allí para hablar de ello, para averiguarlo. Tal vez lo que elijas sea poder abrir un nuevo libro sin que nadie te lo diga, o sin que nadie te lo dé. Tal vez lo que elijas esté fuera de la lectura y de la escritura. Pero si estuviera dentro de la lectura y de la escritura, es decir, si siguiera ese camino carente de dirección pero camino en sí, quién dice alguna vez serás esa mano que impida que el gesto de dar a leer se acabe, como ya se han acabado en cierto modo la desmesura del silencio y el privilegio de la amistad.

Así, abrir un libro es un gesto que continúa el mundo, que lo trasmite, que lo hace perdurar. Leer, entonces, tendrá que ver con una suerte de salvación –pequeña y nada ostentosa– de un mundo anterior. Leer resucita a los desahuciados vivos del ahora a partir de palabras del ayer.

Leer como dejar

¿Cuál mano te dará a leer? Cualquier mano. Toda mano es capaz de dar, sin siquiera mostrar el movimiento de *dar*, sin siquiera pronunciar su nombre, ni el nombre de nada, a no ser el nombre de quien ha escrito antes, si quisieras saberlo. La mano es anterior a la primera palabra que estás por pronunciar. La mano es pura ausencia cuando esa palabra queda dicha.

Se trata de cualquier mano que, inclusive, ni siquiera ha puesto su mirada en lo que te dio. Porque pensó, sintió, hizo, que eso que te ha dado no necesite de su autoría, no sea de su propiedad, no tenga autoridad. Quitar la autoridad de lo dado, sí. Para que lo dado sea heredado, sin que se advierta la gravedad o la impureza del dar. Para que dar, dar como sustantivo, no como verbo, sea desmesurado e ínfimo a la vez.

Porque la mano debe partir apenas dejado el libro, debe retirarse para poder dejar. Si se queda allí, si se vuelve mano que insiste, ya el gesto se transforma en dominio, en desdichada persuasión. La mano que queda al dejar, no deja, se vuelve mezquindad.

Dar es dejar, no es abandonar. No se abandona lo que se deja. Lo que se deja es una curiosa sensación de dar. Y la conjugación está en la punta de la lengua: dar lo dejado. Nunca debería decir: dejar de dar. Dejar de dar es ya estar tieso, ser incapaz de gesto alguno, incapacidad de donar, de estirar la mano más allá de tus narices. Dejar de dar es como la muerte. Muerte que siempre es propia, que no se da ni se deja.

¿Pero qué es lo que se te puede dejar, con el riesgo de que no lo tomes, que seas indiferente, que lo desprecies? ¿Qué es lo que se deja y que corre el peligro, también, de ser algo diferente en tus manos, de no ser exactamente idéntico, de ser siempre otra cosa que lo que te fue dado?

Se te deja una letra, una palabra, un fragmento, cientos de fragmentos, una voz que convierte la lengua en una sensación del mundo. No, no dejes que eso que te den sea una concepción del mundo. No dejes que te obliguen a repetir una concepción del mundo. Pide, eso sí, que te den una sensación del mundo. Una sensación del mundo, lo que es decir: un infinito de sensaciones del mundo. Porque leer es una sensación del mundo que se dejó escribir en un gesto indescifrable. No descifres ese gesto, no. Más vale abandonarlo y abandonarse en su misterio. Ninguna sensación puede ser una cifra, es un movimiento: saltos, tropezones, virajes, encrucijadas, verdades a prueba de milagros, milagros que se cuecen sin verdades a la vista.

De ese modo lo escribía y lo repetía insistentemente la poetisa rusa Marina Tsvietáieva: *"Yo no tengo una concepción del mundo. Yo tengo una sensación del mundo"* (Tsvietáieva, 2008: 437).

Y es que parece que aquí no hay otra cosa que la presencia exagerada del concepto, es decir, el no poder balbucear, murmurar, sino fijar, decidir. Te preguntarán: ¿Qué piensas de todo? Te obligarán a responder: ¿Qué opinas del aquí y del allá? Y cuando intentes dar tus sensaciones, cuando quieras detenerte en la ambigüedad de cada palabra, te dirán que ya no hay tiempo. Eso es el concepto: la inexcusable falta de palabras ante la repetida ausencia de tiempo.

Tener una sensación del mundo quiere decir, apenas, que se piensa con el cuerpo. El concepto es la distancia que se establece entre tu cuerpo y el mundo. Leer, tal vez, sea el modo más sentido de volver a abrir tu cuerpo en medio del universo.

Leer como soledad

Esa mano te deja algo que te indica, que te sugiere, que allí mismo, en ese gesto de abrir un libro tal vez habrá algo, algo que es ni tuyo ni de esa mano, un libro, cualquier libro, que pudiera desnudarte o, al menos, darte a ver la misteriosa desnudez de lo humano.

Ese gesto te deja, también, solo, a solas. En algún momento tendrás que estar solo. No siempre habrá que estar sostenido por la mano del doble gesto de escribir y de leer. En algún momento, habrás de ser ojos-letra, mirada-búho, callejón sin entrada, aire de aridez. Gesto sólo. Lector sólo. Escritor sólo. Soledad sola.

Porque: *"El libro es la ausencia del mundo. A la ausencia del mundo que es el libro se suma esa ausencia del mundo que es la soledad. El lector está dos veces solo. Solo como lector, está sin el mundo"* (Quignard, 2008: 40).

Ese mundo ya no está. Ese mundo de lo que es inmediatamente tan urgente como innecesario, tan enfático como pueril, tan acuciante como sinsentido, se ha caído en el abismo de la lectura. Y en la lectura se vuelve a perder. Ya no hay mundo. Ya no hay ese mundo. Hay, eso sí, soledad que arropa y desierta; soledad porque se trata de un gesto que no ves. El libro ya está abierto. No hay nadie más, no hay nada más. Incluso el libro no es, no está, no permanece en la lectura.

Porque: *"La atención provocada por la lectura del libro (...) se emancipa del libro. El libro cae (...). El libro ha desaparecido. El mundo no ha regresado"* (ibídem: 41).

Y es que la escritura anterior a tu lectura, ya fue ella misma solitaria soledad. Soledad no de creación, sino de palabras que no regresan. Soledad no ya del autor que vacila, sino más bien de vacuidad de la lengua. Aún en esa escritura, ya hay algo que no sucede, ya hay algo que no se escribe. También en la escritura hay dos veces soledad.

La escritura, así, como sustantivo, es algo que no ha ocurrido ni ocurrirá jamás. Su inexplicable, bella y obsesiva persistencia, no es más que una prueba de ello. Si fuera posible la escritura, ya estaría escrita. Pero, en realidad, la escritura se derrama, se esfuma.

Porque escribir tendrá que ver con algo que no ocurre ni ocurrirá jamás.

Porque el punto final es tan absurdo como lo es cualquier vacilación que comienza vocálica y acaba padeciendo por exceso de fe. Y la grieta entre lo escrito y por escribir no es que sea más extensa sino que es cada vez más grieta.

Además todo podría perderse un mal día.

Escribir podría ser negarse a ese día. O bien a esfumarse con él.

Leer como sabor

Pero: ¿cualquier fragmento, en cualquier libro?

Sí, cualquiera.

"El único consejo, en verdad, que una persona puede dar a otra acerca de la lectura es que no se deje aconsejar" (Woolf, 2009: 233).

Un fragmento en un libro es otra vida en otro tiempo en otro lugar. Ese libro es cualquiera, porque cualquiera es el tiempo, cualquiera el lugar, cualquiera puede ser la vida de cualquiera.

Sí, cualquier libro. Por ejemplo, los muy subrayados, los muy arrugados, los muy abiertos. O los nunca abiertos. O los libros que se esconden y hay que salir a buscarlos. O los que insisten en ser única lectura. O los que te confinan a una hora que no comienza ni termina, porque te ofrece la inexplicable sensación del durante, de la duración sin hora, de esa hora intrigante del sin antes y sin después.

No, cualquier libro, no. Es que no todo puede ser libro, aun cuando vista ese ropaje. Puede haber letras, puede también haber precisión de orfebre, pero no haber gesto. Puede comenzar con un ademán sí, pero enseguida acabarse, diluirse en una trampa mortal de quien ha escrito no para que leas, sino para que seas un rehén sin voz. Puede que no toda palabra quede impresa en tus oídos. Puede que ese libro no sea sino un fuego de artificio. Que te prometa felicidad, destino, conquista, la absurda negación de la muerte que no es, sino, la igualmente absurda imposibilidad de afirmar la vida.

Hay libros que no, que no son gesto sino condena; libros que sólo quieren dejarte allí donde estás, preso de tu prisión, huérfano de otras vidas. Libros escritos, sí, pero sosos, indigentes.

Leer es un gesto que algún día sabrá reconocer por qué hay libros que sí, por qué hay libros que no. Igual que con las palabras sueltas: si te gusta *amor*, no te gusta *infamia*; si te gusta *flor*, no te gusta *industria*; si te gusta *viento*, no te gusta *ambición*.

¿Gustar? ¿Qué quiere decir gustar en ese gesto de abrir un libro?

La lectura reconoce sus sabores. De a poco. Despaciosamente. Al principio, no sabe: pero huele. Huele la nariz dentro del libro, huele el movimiento de las páginas, huele ese olor misterioso de lo que se comprende y no se comprende a la vez. Y se aspira el vendaval de la escritura. Se huele, se sabe reconocer ese olor como un olor desconocido, entonces se aspira la ternura de una bienvenida y la aspereza del adiós.

Después, entre la humedad de los ojos y la vigilia del tiempo, comienza a probarse, a palparse, a recorrerse el libro. Algunas palabras saben a memoria de amistad; otras, al ahogo de la promesa recién pronunciada. En otras palabras hay sabor a abuelas y a patios y a amores que sí y que no, se huele a gotas de lluvia fría y a dolores casi siempre extranjeros.

El gesto es: abrir un libro. No hay segundo gesto. En principio, no hay segundo gesto, no. Lo segundo no es gesto, es sabor. Pero aún hay que quedarse en el primer gesto. Porque no se ve demasiado. Porque insistimos en que otro lea y no hacemos el gesto nosotros mismos. No lo hacemos.

Sin primer gesto, sin dejar de dar, no hay escritura, no hay lectura. Porque el primer gesto es abertura y detención, pausa, pausa, muchas pausas.

¿Pausas de qué?

Del vértigo que es un gesto de la desesperación por precipitarnos a la muerte.

De la celeridad que es un gesto cansado de sí mismo.

Del torbellino que es un gesto que no reconoce ni su pasado, ni su porvenir.

Del atolondramiento que es un gesto inexacto en un camino imposible.

De la prisa que es un gesto que ni viene ni va, que ha perdido no el rumbo, sino sus pies.

Y del barullo, del tumulto, del griterío, que no son gestos sino ademanes absurdos, irreconocibles.

Leer como abrir los ojos

El gesto es, siempre: abrir un libro. Ese gesto es: la caricia, sí; la memoria, sí; el deslizamiento ni hacia demasiado fuera, ni hacia demasiado dentro; el sonido, sí; el ritmo, sí; la voz, sobre todo, la voz. La voz que cada uno habrá de ser.

Es un gesto que abre un espacio algo más tibio y más hondo que la pronunciación; más suave y más largo que la presencia del silencio; más alto y más indisciplinado que la puntuación.

Es, un gesto, sí, un gesto. Se hace con la mano, pero sobre todo con el rostro. Y una vez que allí está, en el rostro, todo ocurre descompasadamente: tal vez, llorar, porque algo-alguien se ha muerto allí donde la mirada no puede dejar de ver; quizá, reír, porque algo-alguien se ha disfrazado o caído en el abismo del absurdo; callar, porque algo-alguien habla; escapar, porque el laberinto no te da respiro y porque es demasiada la noche de lo que allí está escrito.

¿Algo, alguien?

Algo-alguien que no fuiste ni serás, ni podrás ni querrás, tal vez, ser. Y sin embargo, en esa distancia que no es lejanía; en esa proximidad que es prójima, hay conmoción, hay intimidad, hay deseo de ser otro, hay pasado que es presente, hay presente que es *presente*, hay destinos a borbotones.

El gesto seguirá siendo, siempre, abrir un libro.

Quizá para cerrarlo.

Quizá para guardarlo.

Quizá para volver a darlo.

Quizá para releerlo.

Quizá para perderlo.

Quizá para no encontrarse.

Es un gesto porque está en la mano, está en el rostro, pero más aún en los ojos.

Son los ojos los que traducen, los que conducen las historias hacia la interioridad del cuerpo.

Y el gesto, el primero, el de abrir un libro es, ante todo, un gesto sensorial: se abre un libro y a la vez se abren los párpados, sí, los párpados. Y luego se abre la boca sorprendida o amenazada. Una mano te ha dado un libro y ahora tu cuerpo es la sensación de leer, no es otra cosa, no, sino la sensación de leer que está en el cuerpo.

Esa sensación está en el cuerpo de quien lee y en el cuerpo de lo leído.

No dar vuelta la página. No volcarla. Quedarse en medio. En el canto.

La quietud de la página que no es anterior ni posterior.

Detenerse.

Ni en lo ya leído, ni en lo por leer.

El estremecimiento de lo que acaba de irse. La incertidumbre de lo que vendrá.

A eso también puede llamársele, sobre todo, lectura.

Porque el cuerpo comienza en los ojos. En los ojos que miran.

¿Los ojos miran qué?

No, no miran, son mirados. Son mirados sin prisa, sin ostentación, pero sin respiro. No te dicen cómo hay que mirar, pero te soplan al oído qué es lo que quieren que mires. ¿Sería mejor no hacerlo? ¿No indicarte, no sugerirte, no desearte qué mirar? No, más vale enseñar. Enseñar como indicación, como signo que apunta hacia alguna parte. Enseñar el modo en que elijas ser mirado por otros *otros*.

Ojos mirados por niños prodigios, mensajeros sin rumbo, débiles hombres enamorados de mujeres huidizas, abuelos que ya no se recuerdan a sí mimos pero aún aman el tiempo en que ello, tal vez, ocurrió; muchachas en pie de guerra y a los pies del deseo; escribientes que preferirían no hacerlo; ciegos de bastón y ciegos de furia; la insistencia persistencia de la infancia.

Ojos mirados por poblados de nombres imposibles, por páramos, acantilados, edificios en ruinas, océanos que no van ni vuelven, laberintos, encrucijadas, lugares próximos que al cerrar el libro se vuelven ajenos, inalcanzables.

Ojos mirados por la guerra, la decrepitud, el asombro de un abrazo, el abandono, los celos, la amargura, el infinito, la lluvia que nunca dejará de replegarse, el tiempo inventado en otro tiempo, el uno que es siempre otro, el otro que es siempre otro y otro más, y otro más.

Porque: *"Toda palabra designa al otro. De entrada, una palabra altera, produce todas las alteraciones, contemporiza con el prójimo, provoca alteridad. El movimiento que nombra al otro altera. El movimiento que nombra al otro altera ese movimiento y al otro"* (Quignard, 2008: 56).

Ojos mirados, incluso, por todo aquello que no tendrá nombre pero que podrá, algún día, decirse con tu propia voz, a tu vez, en tu ritmo, con esas palabras que sólo nacen si se encarnan, si están encarnadas, deshuesadas, decididas.

Y entonces sí.

Ahora que el universo ha entrado por tus ojos (¿de qué otro modo más bello podrías ser mirado?), ahora sí, los ojos miran su propio tiempo, su propio espacio. No cotejan, miran. No se desilusionan, miran. No conceptualizan, miran.

Pero: ¿habrá que decidir entre el libro y el mundo? ¿Habrá que dejar el libro para estar en el mundo? ¿Habrá que abandonar cualquier pretensión de mundo para quedarse en el libro? *"Pues el libro es un mundo en falta. Quien lee a libro abierto lee a mundo cerrado"* (ibídem: 78).

Abrir un libro. Ese gesto tan ínfimo, tan mínimo, que su ausencia no se ve, que su falta no parece ser. No abrir un libro pasa desapercibido, pasa a través de la nadería, pasa y se va y ya casi no se recuerda.

Leer para resucitar a los vivos

Antes, mucho antes de hacer el gesto, de dar a leer, de dejar un libro, escucho la temible y terrible afirmación. El niño no entiende, es inútil el gesto. Ser niño supone no entender. ¿Los niños no entienden lo que hay en un libro? ¿Qué es mejor, que lean después, más tarde, más adelante, nunca?

> *Pienso en los libros. ¡Cómo entiendo ahora a los "estúpidos adultos" que no dan a leer a los niños sus libros de adultos! Hasta hace muy poco me indignaba su suficiencia: "los niños no lo entienden", "es pronto para los niños", "cuando crezcan lo descubrirán". ¿Los niños no lo entienden? ¡Los niños entienden demasiado!* (Tsvietáieva, 2008: 81).

Ya sé: me dirás que esos ojos no ven, que esos ojos no pueden ver. Eso no cambia las cosas. No cambia el gesto. Cambia, apenas, el modo en que la mano, siempre oculta, siempre casi ausente, dará a leer.

¿Que esos oídos no escuchan, no pueden escuchar? Eso no cambia las cosas. Porque el libro que se da a través de la mano que desaparece, es una mano que entonces deberá enseñar, enseñará en señas.

¿Que ese cuerpo no se mueve, que está inmóvil? Eso no cambia las cosas. Habrá que aproximarse, habrá que lograr que la mano tense un poco más su movimiento. Y habrá que retirarla, tal vez, más rápido.

No habrá que buscar excusas, porque el gesto es único pero no es uno solo. Habrá que diseminar el gesto, multiplicarlo no por sí mismo, sino por sus variedades, sus variaciones: el gesto de la mano que escribe, el gesto de dar a leer, el gesto de dejar leer, el gesto de leer, el gesto de abrir un libro.

Leer es un gesto que apenas supone, a duras penas quisiera *resucitar a los vivos*.

¿El gesto para qué?

Para no olvidarse de lo humano.

Para que lo humano no se niegue a lo humano.

Para no olvidar que estamos vivos.

Leer sin poder dejar de hacerlo

> *Leo. Es como una enfermedad. Leo todo lo que me cae en las manos, bajo los ojos: diarios, libros escolares, carteles, pedazos de papel encontrados por la calle, recetas de cocina, libros infantiles. Cualquier cosa impresa* (Kriss tof, 2006: 9).

Al fin y al cabo toda palabra resuena, también, en la mirada. Las palabras se escuchan, sí, pero además enceguecen o despiertan o hacen parpadear o, incluso, no dejan dormir, enferman.

Por ejemplo: hay una mujer arrodillada con la mirada clavada en el piso y un cartel entre sus manos (*estoy embarazada de trillizos, tengo hambre*); hay un hombre unos pasos más allá, con la misma gestualidad pero con otro cartel (*mi familia está lejos y no tengo dinero para reunirme con ella*).

Se pueden percibir las rodillas malheridas de la mujer apoyada sobre el suelo indigno de la miseria y esa mirada perdida entre dos mundos del hombre como indicadores, como una flecha que apunta sólo hacia la idea de dolor y producir, sin más, el encogimiento de los hombros o la conmiseración de un dinero siempre insuficiente.

Pero también las imágenes, esas imágenes, abren los ojos y dan paso a una recordación que podrá ser tenue o persistente.

Es ese momento, sobre todo, en el que uno no puede dejar de mirar ni de mirarse. El mundo se deshoja, el mundo se evapora, el mundo no sobrevive, el mundo está partido, aunque lo amemos, aunque nos eduquen y eduquemos.

Otro ejemplo: en medio del camino otro cartel llama la atención: *Ayuda al sur*. La imagen es inconfundible: una niña con rostro aindiado, al borde de un llanto que no termina de serlo, y nada más. Como si el sur fuese, únicamente, la tristeza en lágrimas, la desolación, el desamparo.

Más adelante, otro cartel de mayor tamaño y más colorido promociona un libro que lleva por título: *Sé tú mismo*, un texto de una creadora de manuales de autoayuda; y aun un poco más allá el último de los carteles: la imagen de un joven sonriente que, en alusión a los deseos para el próximo año dice, buscando complicidad: *Le enseñaría a mi profesora de yoga una nueva posición*.

Pareciera ser que durante el caminar no se puede dejar de leer, como si leer fuese también un movimiento de brazos y de piernas, una respiración entrecortada y agitada. Pero está claro que no se trata aquí del leer como interpretar, ni del leer como información, sino de ese gesto tan particular de mirar hacia algo, casi sin quererlo, algo que luego permanece como un murmullo incesante. Algo de la lectura que quisiéramos no haber leído.

En ese sentido, una noticia: en la página 34 de la edición del domingo 8 de enero de 2012 de *El País* de España, con el título: *Guerra abierta por el precio del libro*. Lo que llama la atención –y molesta, perturba– es la fotografía de Gordon Willoughby, director de Kindle en Europa, cuya satisfecha sonrisa acompaña a sus palabras: *"Hemos observado que se leen textos más largos y que los poseedores de un Kindle leen hasta tres veces más gracias al aparato".*

No agradece a los lectores, ni mucho menos a los escritores, ni a su obra. Todo es gracias al aparato, al aparato para leer.

Desisto de esta forma de pensar. De asumirla, también debería creer que la comunicación no es gracias a la gente sino a las redes sociales, que la información no es gracias a nadie en particular sino a la velocidad de transmisión, que la conversación no depende del deseo sino de la conectividad.

Pero tal vez tenga razón Willoughby: el mundo en el que vivimos se debe a los aparatos que tenemos y a los que nos vamos pareciendo, poco a poco, cada vez más, como en una suerte de protetización de afuera hacia dentro.

Somos, así, nosotros mismos, la tecnología que pone en funcionamiento la tecnología que nos pone en funcionamiento.

Leer como petición

Pedir leer. Ni como convencimiento, ni como obligación, ni como súplica. Aunque es cierto que la enseñanza es de algún modo convencer, de algún modo obligación y de algún modo súplica. Pero no en este caso. Pedir leer, anteponiendo el dar a leer. Podría decirse así: como es verdad que sentimos pasión por la lectura, por cierta lectura, la ofrecemos, la damos, sin más. No habría otro condimento. No lo hay.

Se trata del deseo de la transmisión de un signo, de signos –la lectura– mediada por un deseo casi personal –el leer–. Ese deseo tiene su travesía, no es nuevo, no es de ahora que somos profesores, no tiene que ver con el carácter necesario de la lectura, no se somete a las lógicas novedosas de formación: leemos y nos gustaría dar a leer y conversar sobre la lectura.

Leemos y nos gustaría que los demás leyeran.

Leemos y deseamos poner en medio de nosotros la lectura.

Pero algo hacemos mal, algo hicimos mal. ¿Dónde está nuestro deseo de lectura y cómo expresarlo en una conversación cuyo punto de partida y punto de llegada es la donación de la lectura? ¿Cómo trasmitir la lectura ya no en el sentido de utilidad sino de enfermedad?

Y es que duele que la lectura se haya vuelto la falta de lectura, el olvido de la lectura. Provoca un cierto malestar cuando la lectura se hace sólo obligatoria y ya no es más lectura. Se retuerce el alma al percibir que la lectura se haya vuelto estudio a secas, ir al punto, ir al grano, ir al concepto detenido.

En mucho han participado las instituciones para que la lectura se vaya disecando cada vez más y, así, secando casi definitivamente. En vez de lectores se han buscado decodificadores; se han valorado las voces impostadas; se han creado verdaderos reducidores de textos. Es por esa razón que la pregunta por el lector del futuro se hace necesaria, en parte incómoda y, sobre todo, estremecedora.

Entonces: ¿Qué lector será el que venga al mundo, si es que viene? Ésa es la pregunta que se hiciera Nietzsche hace ya tiempo en *El origen de la tragedia*: *"El lector del cual yo tengo derecho a esperar algo, ha de reunir tres condiciones: debe leer con tranquilidad y sin prisa; no ha de tener exclusivamente presente su ilustración, ni su propio yo; no debe buscar como resultado de esta lectura una nueva legislación"* (Nietzsche, 2000: 173).

Leer con tranquilidad, detenido, sin apuro; quitarse de ese *yo* que lee y de lo que ya sabe; eludir la búsqueda de la ley en el texto. ¿Cómo hacer, en medio de las tempestades de esta época, para resaltar la tranquilidad ante la lectura? ¿Cómo hacer, entonces, para olvidar el *yo* en un mundo en que el *yo* se ha vuelto la única posición de privilegio? ¿Y cómo hacer, entonces, para leer sin buscar reglas, sin buscar leyes, sin buscar eso que algunos llaman de Verdad o Concepto?

Quien lee deja de lado lo que ya está trazado de antemano, carga su cuerpo con palabras que aún no ha dicho y muerde el olor de la tierra, se acerca más que imprudentemente a la muerte y sonríe porque es de día en plena noche, porque llueve sin nubes, camina sin calles, ama lo que nunca fue amado, acompaña al desterrado hacia su exilio y se despide, sin más, de todo lo que no ha leído todavía.

Por eso no se puede otra cosa que invitar a la lectura, dar la lectura, mostrar la lectura, señalar la lectura. Todo intento de hacer leer a la fuerza acaba por quitarle fuerzas al que lee. Todo intento de obligar a la lectura, obliga al lector a pensar en todo aquello que quisiera hacer dejando de lado, inmediatamente, la lectura. Al lector, hay que dejarlo en paz cuando se trata de leer.

Y es que hoy se da a leer, obligando a leer. En el método obstinado, en la concentración y contracción violentas, en el subrayado dócil y disciplinado, en la búsqueda frenética de la legibilidad o de la hiper-interpretación, en la pérdida de la narración en nombre del Método, es allí mismo donde desaparece la lectura y es allí, también, donde desaparece el lector y se cierra el libro.

Pero también hay que decir que la figura del lector se ha revestido de una cierta arrogancia, de un cierto privilegio: es el lector que sabe de antemano lo que leerá, el que no se deja ni se quiere sorprender, el que quiere seguir siendo el mismo antes y después de leer, el que "ya parece haber leído cada cosa que se escribe", como bien lo sugiere Blanchot: *"Lo que más amenaza la lectura: la realidad del lector, su personalidad, su inmodestia, su manera encarnizada de querer seguir siendo él mismo frente a lo que lee, de querer ser un hombre que sabe leer en general"* (Blanchot, citado por Larrosa, 2005: 57).

Las dos omnipotencias de la lectura, la de *ir estrictamente al punto* y la de leer *ya sabiendo lo que se leerá*, confinan la lectura a una práctica desteñida, una lectura sin lectura: la pérdida de la aventura, del temblor, del peligro; en síntesis: el abandono de la experiencia del leer. Una experiencia perdida que, en las instituciones, deja el libro a su suerte, a su propia muerte.

Leer, leyendo

La pregunta, aquí, no podrá ser formulada como: ¿qué es la lectura y/o qué es el leer? Sobre todo, porque todavía no hemos dejado de leer lo que no sabemos si vendrá —ni cuándo vendrá— y porque la experiencia de lo leído aún no tiene nombre en el instante en que ocurre, o en que ocurrirá. Quizá habría que decir: ¿qué hay en la lectura y/o qué hay en el leer?

Por ejemplo: una niña mira a su madre mientras lee; la mira y murmura frases para sí misma.

Todo está quieto ahora, en suspenso, como si un largo día no fuera otra cosa que un fin de tarde que nunca desaparece. Cuando la madre hace una pausa, la niña se le acerca y pregunta, con voz de secreto: *"Mami: ¿qué estás haciendo?"*. *"Leyendo"*, responde la madre.

La niña insiste: *"¿Qué es leyendo?"*. La madre le muestra el libro a la niña y dice: *"¿Ves? Aquí hay historias que todavía no conocemos. Hay que buscarlas. Eso es estar leyendo"*.

La niña se queda quieta y mientras acaricia el brazo de su madre, le pregunta: *"¿Pero: leyendo es en las partes blancas o en las partes negras?"*.

La lectura y sus moradas

Tumbas de Cees Nooteboom es uno de esos libros que merecen leerse y, con la misma intensidad, un libro para dar a leer a otros. Un libro de pasajes. La travesía que se crea entre lectores. La trayectoria que emprende un libro más allá de una edad específica, de un instante particular y de una generación singular.

Con *Tumbas* es posible sostener una extensa conversación a propósito de la vida; de la vida que ya pasó, que nos ha pasado, de la vida que aún está pasando y que insiste en permanecer: una conversación sobre la ceremonia de una bienvenida y un adiós que nunca acaban. Sobre todo el adiós.

A propósito: *adiós* es una palabra demasiado pequeña y en exceso concluyente y, sin embargo, puede pronunciarse infinita y sostenidamente, detenida siempre entre los labios y la lengua que la pronuncian.

Me pregunto si *Tumbas* no es, entre otras cosas, un libro sobre el adiós, sobre el amor y sobre la nostalgia. Un adiós a los cuerpos que ya no están, al amor que aún sostiene el hilo de una conversación con algunos pensadores y poetas, la nostalgia por un tiempo al cual podremos regresar de tanto en tanto, pero sin recuperar su atmósfera jamás.

Cees Nooteboom ha pasado un largo tiempo visitando tumbas de poetas y pensadores, y sus relatos sobre esas visitas —junto a las fotografías de su compañera Simone Sassen— ya están escritos con una belleza y una hondura inigualables. Ir más allá significaría merodear por aquello que pasa de una mirada a otra, de una escritura a una lectura, de una lectura a otra escritura diferente.

Al leer *Tumbas* puede pensarse que una gran parte de eso que llamamos *mundo* está por debajo de la tierra y que aquello que ha quedado sobre la tierra se ha vuelto mucho menos interesante. Como si en esta época (¿es época o es edad, es decir, mi edad?) lo importante fuese recordar más que actuar, buscar en el pasado más que imaginarse el futuro, leer lo escrito más que escribir lo que alguien leerá después, contemplar más que intervenir, escuchar más que hablar.

Es posible que haya una época o una edad particular en que esta revelación se manifieste con total lucidez y desnudez: sabemos que es imposible ir hacia adelante todo lo que quisiéramos y que llega el momento en que lo que más deseamos es nuestra detención, nuestra demora: la morada de la pausa, el alejarse del vértigo y el barullo.

Visitar tumbas procede de un gesto tan antiguo como ambiguo: ¿Qué es lo que lleva a alguien a querer conocer la morada de un poeta, de un pensador? ¿Honrar el pasado como único tiempo vital? ¿Querer conocer qué ha sido de su vida más allá de su muerte? ¿Constatar que la actualidad de un escritor o de un pensador es también una cierta forma de actualidad en su tumba, sobre su tumba, alrededor de su tumba? ¿Saber si hay señales de otras visitas? ¿Sumarse a una celebración que tantos otros ya han realizado dejando sus infinitos mensajes de memoria?: *"Para mí son voces vivas. Ni siquiera entre miles de lápidas funerarias he tenido jamás la sensación de haber ido a visitar a un muerto"* (Nooteboom, 2007: 19).

Es cierto: ¿Cómo suponer que Keats o Celan o Kafka o Woolf o Cortázar están muertos? ¿A quién se le ocurriría confundir la pura anatomía de un cuerpo vacío con ese río que fluye una y otra vez, a través de la memoria y la lectura? Me pregunto, aun así, si visitar tumbas no es en cierto modo visitar la muerte, aquello que la muerte tiene de vivo, de vital: *"El que visita la tumba de un poeta emprende una peregrinación a sus obras completas"* (ibídem: 21).

Si es verdad que la vida nos importa, entonces habrá que visitar tumbas.

Antes, mucho antes de aquello que llamamos *mundo*, algo había: una huella de respiraciones aún no nacidas, un sonido incomprensible de lodazal y ciénaga, todo lo que todavía no eran cuerpos y, sin embargo, era sueño. El sueño se repetía, una y otra vez: eran pisadas sobre pisadas. El barro soñaba ser pisado. Y temblaba. Y se hacía tierra. La tierra soñaba ser pisada. Y sudaba. Y se transformaba en océano. El hombre soñaba con pisar. Y se jactaba. Y juzgaba. De una línea demasiado recta, partió la primera encrucijada: un océano que nunca soñó ser pisado. Y así comenzó el mundo: de un sueño que no quiso ser pisado. De una escritura que, aún tímida, no quería ser olvidada.

Algún dios perdido y austero o alguna comunidad fraternal de humanos decidieron alguna vez, por suerte, que lo que se secara con la muerte fuera la voz reseca, la voz desnuda, la voz ya apagada, sí, pero no la escritura. Seca la voz y viva la escritura, los pensadores y los poetas que perduran en nosotros reencuentran su razón de ser cada vez que los recordamos, cada vez que los nombramos. Como si recordarlos o nombrarlos fuera no sólo hacerlos presentes sino, sobre todo, tornarlos presencias próximas y prójimas; cuerpos que vuelven a hablar, a hablarnos, que retoman la palabra con esa voz que ahora es la de las manos, la de la tinta, la de los fragmentos, la de las páginas, la de los libros. Como si nuestra memoria pudiese darles existencia. Como si recordar fuese reanimar la vida de lo ya existente. Como si el recuerdo no fuera otra cosa que una conversación inextinguible.

Recordar a los pensadores y a los poetas que ya no viven es un modo diferente de poblar la tierra, de hacerla más intensa y más interesante, de habitarla con aquello que lo humano tiene de sentido y sonido, de hacerla aún más fecunda. Es incorporar lo que muchos ya han desechado. Como si pudiéramos aumentar la cantidad y la magnitud de vida, pero no la cantidad de vivos. Como si fuera posible, en cierto modo, decidir la humanidad que quisiéramos más allá del aire, del agua, de la tierra y, por supuesto, del fuego.

Los pensadores y poetas cuyas voces se han apagado necesitan —más allá de su propia voluntad y deseo— de ciertos gestos inconfundibles de los vivos, de pequeños gestos anónimos, para regresar a este lado de la tierra: citarlos, recitarlos, debatirles, enojarnos con ellos, inspirarse, a veces acercarlos demasiado y otras veces pedirles que se retiren un poco, que no estén tan presentes. Gestos mínimos que hilan la historia de una escritura no ya en su copia servil o travestida de novedad, sino en el revivir permanente de un modo de haberse pensado y escrito otra época, otra tierra. El gesto: dejarles pasar de un tiempo a otro tiempo, no interrumpirles, no quitarlos del medio, hacer que sigan existiendo. El gesto: una nueva voz compuesta por cientos de voces previas.

Y es que los muertos no están muertos. En todo caso algunos de ellos han sido olvidados, destituidos de presente, arrancados de su propio eco. Tal vez la palabra no sea *muertos*, porque *muertos* indica fin, conclusión, evanescencia. Quizá haya que preguntarse: ¿por qué algo, alguien continúa o no continúa? ¿Qué hace que un cuerpo finito se sostenga en el obstinado recuerdo de otros y desmienta cada tanto su desaparición? Lo que no continúa muere dos veces: una vez en su propio tiempo, en su propio ahogo; otra vez: en la maniática imbecilidad del olvido.

Los muertos están al alcance de la mano y es con ellos con quienes sostenemos una conversación esencial. Pues: ¿qué mundo existiría sin el mundo? Gracias a esas páginas de voz y letras esparcidas en el cuerpo es posible imaginar el deseo por venir, la vida por vivir, el sueño por oír.

Lo inhumano arrasa con la memoria y en ese alud de ignorancia y de soberbia impar, desaparecemos nosotros mismos.

Quizá toda enseñanza proviene de una infinita duda anterior. Toda luz, tal vez, comienza por debajo de la tierra.

Leer en la duración

El mundo no es sólo humo y desierto, destino de prisa, transcurrir en filas cuyo desenlace es el olvido.

El segundo más hondo habita en el canto de la página —el miedo a pasarse, la vigilia de la última palabra, la voluntad de ir más allá de uno mismo—.

Leer como atardecer: la luz está baja, a solas, porque ya no importan las formas del pensar sino todos los contornos: el perfil de una tierra extraña y propia, la infancia en el ancho de sus aguas, el paseo por la cornisa de una historia ajena a punto de ser nuestra.

Una hora en que el tiempo ya no cuenta porque se muda del desconcierto al sueño, de la bruma banal a la confesión extrema, de la pereza sucia a la pasión desordenada.

Leer como anochecer. Los ojos se cierran junto a la lectura. La mirada prosigue con su vaivén descalzo.

Leer a piel abierta.

Durante.

El laberinto de la lectura

Una noche de verano caminaba por calles que no sabía adónde me conducirían (...) Nada reconocía (...) Caminaba entre muros de friso quebrado (...) Las campanas sonaron doce veces (...) Un puente apareció ante mí (...) Ninguna paloma insomne surcaba el aire de

> *los callejones alzando vuelo (...) A la mañana siguiente deambulé infructuosamente buscando las calles por las que había caminado la noche anterior (...) Daba vueltas equivocando el rumbo cada tres pasos (...) No hay umbral ante la entrada del laberinto. Nada lo anuncia (...) No salimos al encuentro de nuestro laberinto. Será éste el que nos encuentre* (Gasparini Lagrange, 2010: 7).

De este modo comienza *Laberinto veneciano* de Marina Gasparini. Se inicia con su propia pérdida y su inútil deseo de reencuentro. Comienza, también, con un alumbramiento que se va atenuando, con un paseo que enseguida se desconoce a sí mismo, con unos pasos firmes que poco a poco pierden su estabilidad y tiemblan, con un lenguaje que está en su laberinto.

Al leer *Laberinto veneciano* lo primero que ocurre es un desvelamiento: el laberinto como lo estrictamente humano, no como un accidente, no como un desvío. Como si en verdad las líneas rectas, los círculos, pero también las latitudes y las longitudes e incluso los mapas, no fueran sino ese artificio con el que disimulamos lo humano.

Salvo el nacimiento –que es hacia adelante– y la muerte –que es hacia abajo y hacia todas partes– todo lo que ocurre y todo lo que no ocurre se debe al laberinto: el mundo es un laberinto, el amor es un laberinto, los sueños son un laberinto, el arte es un laberinto, el yo es un laberinto. El lenguaje es un laberinto.

Tres cosas nos impiden habitarlo sin aparente desesperación: la falsa moral, la opulenta ciencia y la mortífera indiferencia. Y tres cosas nos regresan al laberinto sin que podamos hacer nada al respecto: nuestro permanente exilio, la infancia que no está pero es y el amor doloroso que profesamos por lo imposible y lo indecible.

Es curioso: frente a un mundo cada vez más mudo, más urgente y más desesperante, que a cada segundo se enorgullece de haber encontrado salidas a ninguna entrada, adjetivos a ningún sustantivo, voces sin nadie dentro, el laberinto pasa a ser una de las pocas figuras de la historia en las que valdría la pena pensar: la reconstrucción del mundo como laberinto en sí, para poder afirmar o confirmar que no hay señales ni símbolos que apunten hacia adelante o hacia arriba; una visión del mundo que no sea el escondite miserable de la complacencia, ni la mirada altiva desde donde todo pasa a ser pequeño y menor, ni mucho menos el acatamiento de que lo humano solo puede encontrarse haciendo filas, o frente a la televisión, o en los escaparates de las tiendas de ofertas, separados irremediablemente por una pantalla que no es de la tecnología sino de nuestra piel.

Lo cierto es que estamos solos: de a uno, de a dos, de a tres mil. En el torbellino, en el huracán, en el tumulto, en la multitud, en el rincón más oscuro de nuestras casas. Solos como la noche estrictamente sola. No hay política ni poética que cambie nuestra inmensa condición de soledad.

Sí: acaso es posible disimular la soledad, desviarla por un instante, contarse un relato de continua compañía, amarnos para acortar las sucesivas distancias. Pero el llanto es solo, la espalda es sola, la luna ilumina la parte menos honda de la tierra, el acantilado cae abrupto hacia un mismo lado. Uno es la soledad que se despierta y se adormece. La vida es ese laberinto de unos cuerpos solos. La soledad como condición y como destino; la soledad donde solo encontramos compañía en el naufragio:

> *A través de Venecia me miro, y entonces me percato de que lo doloroso es haber deseado superar las pérdidas y disimular sus fracturas. Escondemos nuestras emociones como las aguas cubren los escalones de los palacios que una vez estuvieron a la vista. Venecia se está hundiendo y nosotros la acompañamos en su naufragio* (ibídem: 32).

El laberinto es la experiencia de la duda que nos arroja el mundo de cara a nuestras certezas inconmovibles, a las afirmaciones altivas, a los rostros infames de la verdad impuesta y a esa extraña confesión del olvido. El laberinto es la pregunta ronca a las respuestas ya construidas de antemano. Es la travesía que reúne al encuentro con su desencuentro, el pasaje que no pasa e insiste en devolvernos, el camino cuyas huellas deben volver a pisarse, la geometría indomable de la memoria y sus inconstantes pasiones.

No es posible salirse del laberinto, simplemente porque no hay nada fuera, no hay mundo, no hay vida, no hay lo humano. Quienes lo intentan, desesperan y enmudecen. Quienes creen que han conseguido escapar se refugian en un lenguaje torpe de medias palabras. Quienes están seguros de que no hay ningún laberinto y siguen con su rumbo de soberbia, se tropiezan a cada instante con sus propias espaldas. No es posible salirse del laberinto porque la vida no es una toma de decisión empresarial o publicitaria, ni una voluntad aciaga de superación de la muerte, ni un permanecer satisfechos en la quietud del páramo.

"Venecia se nos cierra y se nos abre, se nos escurre como el agua sobre la que se levanta. Nunca estamos seguros de qué vamos a encontrar a nuestro paso: conocer la ciudad no nos ofrece garantía de no errar el camino. Cada viaje a Venecia es la primera vez" (ibídem: 49). Venecia como laberinto, errando el camino, como si fuera por primera vez. El laberinto como el amor, como el amor que es hacia algo o hacia alguien, el amor como laberinto. El amor que inicia su largo viaje desde cualquier punto hacia ninguna parte; el amor que es el vaivén, la zozobra, el temblor del agua bajo, lo inoportuno de los puentes, el regreso hacia uno mismo, el imposible juramento del olvido. El amor y su muerte: por ello estamos presos y las dimensiones de nuestras cárceles, como escribe Gasparini: *"son equivalentes a la desmesura interior que nos encadena"* (ibídem: 45).

Hay tantos laberintos que es imposible suponer la ejemplificación contraria: pintores, poetas, músicos, filósofos, amantes, errantes, piadosos, dioses, arquitectos. Todas las vidas se mecen entre laberintos: el laberinto de las almas que apenas se reconfortan con sus indecisiones y lo padecen, el laberinto de la lengua que escribe y escarba y muerde y no concluye jamás el poema, el laberinto de las pasiones que se desencadenan hacia el vacío, el laberinto de la voz que no acaba por expresarse, el laberinto de la memoria que recuerda y olvida al mismo tiempo.

Algunas cosas comienzan palabra y siguen el camino de la sensación, la percepción, el conocimiento. Otras cosas nunca son palabra y aún así muestran la doble forma de su desazón y de su encantamiento. El laberinto lo es todo, porque es detención y es movimiento: se trata de mirarnos a los ojos, no de conocernos; se trata de darnos palabras, no de negociar el espanto; se traza de cruzar los ojos, no de cruzarnos de brazos.

Las líneas que nos surcan −por el deber, por el cumplimiento, por la necesidad, por la vida que ha pasado− nos dejan arrugas. Pero no sólo. También nos ofrecen la posibilidad de la narrativa, del relato, del contar lo que nos pasa: *"Recuerdo un vidrio bañado por la lluvia y detrás de él a la niña que en las tardes de tormenta aprendía a leer en los surcos del agua. En las prolongadas tardes del trópico, las palabras son voces en las que nuestra imaginación se asienta y comienza a contar historias"* (ibídem: 73).

Entrar o salir del laberinto no es la cuestión. Se trata, eso sí, de sostener −sin la altisonancia de los héroes, ni la forzada apatía de las víctimas− ese extraño relato de una vida que permanece en medio del laberinto. Un laberinto que es, entonces, la forma informe que asume nuestra lengua y nuestra vida para poder ser narrada.

Leer entre edades

Invité a un estudiante a un bar cercano a la facultad para conversar sobre una lectura en común. Nos sentamos y nos miramos, yo un tanto incómodo, desajustado. La mesa era pequeña, el sitio estaba repleto y quedamos demasiado próximos, en una cercanía que para mí era desacostumbrada y, sobre todo, desafortunada.

—Me sorprendió que conociera ese libro —dije, para decir lo evidente, lo que ya estaba dicho.

—Perdone, profesor, pero usted parece sorprenderse a cada rato.

Su rostro era limpio, sin marcas. Ahora que nos mirábamos pude ver esa expresión abierta, sin rodeos, impecable.

—¿Por qué lo dice?

—Si me lo permite: a veces tengo la sensación de que en la clase habla solo, habla para usted. Por eso cuando lo interrumpen es como si lo distrajeran y no le gusta. Y como habla solo, cualquier cosa que diga otro y que se parezca a lo que va a decir o lo que está pensando, le sorprende.

—Vaya... me sorprende lo que me dice.

Nos reímos. Era un modo inesperado de iniciar una conversación. Yo sentía que la habíamos iniciado por el lugar contrario. El estudiante retomó su seriedad. Más que serio parecía reconcentrado.

—En realidad soy yo el sorprendido.

—¿Por qué?

—No imaginaba que alguien como usted leyera el libro de Anna Lárina. ¿Puedo preguntarle por qué lo lee?

¿Alguien como él? De sorprendido pasé a estar anonadado. Se suponía que era yo quien debía tener el comando de esa conversación; era yo quien debía preguntar; era yo quien tenía entre mis manos esa misma pregunta. Sentí la extraña necesidad de explicarme, de justificarme.

—Bueno, estoy apasionado por la vida de Anna Lárina, por la forma en que sostuvo su vida aún en la adversidad más extrema. Siento admiración, sí, pero también una indescriptible sensación de afecto por ella. Además mis abuelos eran rusos, compartieron la misma época, y sólo los tuve cerca durante mi primera infancia. Leer ese libro de Lárina es como volver a tener la oportunidad de respirar un poco de esa atmósfera.

—Bueno, lo mismo le podría ocurrir si leyera a Lenin o a Trotsky o a Tolstoi o a Gorki.

—No, eso no me ha pasado. Tal vez sí con Mandelstam o con Pasternak... Pero, dígame: ¿usted, por qué lo lee?

—Por otras razones, bien distintas. Soy trotskista, participo en una agrupación de la facultad. Leemos colectivamente. Nos interesa en particular ese libro, para entender cómo es que una posición política se transforma, por los excesos del poder, en una acusación de traición. Además, estudiamos el momento en que el Estado soviético se volvió totalitario. Y nos interesa mucho Bujarín: sus ideas sobre la economía, el intervencionismo, los cambios en la clase obrera, su completo rechazo a la manipulación de los campesinos, en fin, su escritura política. De alguna manera el libro nos da detalles que no conocíamos sobre la turbulencia y la miseria política de esa época.

Parecía que no estuviéramos hablando del mismo libro, del mismo texto, de las mismas páginas, de los mismos fragmentos. Sí, en efecto, el libro atravesaba todo aquel período en que las discusiones acerca del papel del Estado soviético eran violentas y se volvieron criminales. Pero yo las pasaba de largo, no porque no me interesaran, sino porque mi atención se dirigía a otras cuestiones: la sensación por la inminencia del peligro, el aliento de la muerte alrededor, el problema moral de sostener un ideal a pesar de todo; pero todo ello por dentro de un cuerpo, encarnado en el cuerpo de Lárina, no por fuera de él, en el Estado, en el gobierno o donde fuese.

—Leemos ése y otros libros para pensar nuevas formas de lucha. La historia reencarnada en el futuro. Un modo de actualizar nuestra intervención política hacia adelante.

No dejaba de reconocer el interés que podría despertar ese tipo de lectura que proponía el estudiante, pero tampoco me fue posible disimular un inocultable abismo, una grieta entre nosotros. Iván —así se llamaba— también lo sintió. Era como si en unos minutos nos hubiéramos abrazado gracias a la existencia común de la lectura de un libro y como si, también al cabo de unos pocos minutos, nos hubiéramos desprendido para siempre. Yo creía llevarme la peor parte: me sentía no apenas incomprendido sino, sobre todo, envejecido.

Porque en algo tenía razón y de eso no había dudas: yo leía hacia atrás, hacia el pasado y allí me detenía, en esa suerte de melancolía rusa que había heredado de mis abuelos. No tenía escapatoria: me iba al pasado para de algún modo hacerme infancia, negarme al transcurrir del tiempo, buscar un nido. Iván, en cambio, leía desde atrás hacia adelante, avanzaba, no se quedaba quieto en el tiempo en que las cosas sucedían, su tiempo era el futuro: el mundo de mañana que él y los suyos pretendían. Yo leía lo incompleto y él la potencia. A mí me conmovía Anna Lárina por su fragilidad o su excesiva templanza; a él lo seducía el hombre acusado de ser enemigo del pueblo, el hombre intelectual, el hombre militante, el hombre comprometido hasta la muerte con su tiempo. Anna no era Anna Lárina, era la mujer de Bujarín. Yo sentía exactamente lo opuesto.

Arrepentido por haberme expuesto de ese modo, por haber mostrado mi anacrónica sensibilidad, llamé al mozo para pagar la cuenta y comencé a organizar mis papeles para la retirada. Pero Iván no se movía. Me observaba.

—¿Usted cree que en los tiempos que corren alguien podría vivir la vida que vivió Anna? En nuestro país ocurrieron cosas parecidas y hay gente que padeció casi lo mismo. Pero ahora, digo, en estos momentos.

—¿Estos momentos?

—Sí, me refiero a los jóvenes, bueno, a nosotros. Y a nuestro tiempo.

Dejé mis papeles de lado. La conversación parecía continuar.

—Es tan difícil responder a eso, Iván. Seguramente habrá personas de su edad que se inmolan, o que salen a las calles, o que aún se retuercen por la inmoralidad de esta época, pero no sé, lo veo todo demasiado quieto. O peor aún: lo veo como si todo fuera convulsiones o espasmos de novedades que, para mí, supongo que me entenderá, son irrelevantes. Anna, o la vida de Anna, también nos habla de unos gestos que ya desaparecieron o que están por desaparecer.

—¿Gestos? ¿Cuáles, por ejemplo?

—En este momento se me ocurren algunos, pero seguro que habrá más que yo no percibo: una infinita paciencia, la compasión, la rebelión —no la rebeldía— y una cierta capacidad para soportar la nostalgia, para sostenerla. Pero hablo de gestos, no de valores, no de proezas. Lo que quiero decir es que hay gestos de época que aparecen a lo largo de una sociedad en un tiempo determinado. Y que Anna Lárina los concentraba todos. No creo que ahora...

—Tengo la sensación de que usted confunde la vida de Lárina con el relato que ella hace de su vida. Lo discutimos el otro día en el grupo y nos dio la sensación de que algunos de esos gestos, como usted dice, están en nosotros, o en algunos de nosotros. Pero esa forma de relato, no. Esa es la diferencia. No podríamos, ni querríamos contar la vida o el mundo de esa manera.

—¿Cuál manera?

—La manera antigua.

—¿Qué quiere decir la manera antigua?

—Usted lo sabe mejor que yo: el amor abstracto por encima de la lucha concreta, los afectos idealizados por delante de la responsabilidad política frente al mundo, las sensaciones antes que los pensamientos o los conceptos. Nosotros lo haríamos exactamente al revés.

A esa altura, yo tenía que irme, y por supuesto que quería hacerlo. Hay conversaciones que no hacen más que exigir traducciones permanentes. Cada frase pesa el doble, por lo menos. Me sentía en la obligación moral de decirle algunas cosas a Iván, pero no tenía fuerzas. La fuerza era de él. Yo estaba agotado. En cierto modo él tenía razón en una cosa: yo había leído el libro de Anna Lárina por un lugar completamente diferente al suyo. Y no podía explicarlo. ¿No podría convencerlo que lo que valía la pena en esa historia era, justamente, la forma en que Anna había decidido contar su vida? ¿Que la mayoría de las vidas ni siquiera pueden ser contadas de ninguna manera? ¿Que solo el tiempo dirime la cuestión de las formas? Le dije que tenía que irme. El estudiante se apresuró a tomar sus cosas.

—Profesor, queríamos invitarlo a nuestro grupo, a una charla. Nada demasiado formal. Nos reunimos los viernes, por la tarde. ¿Le interesa?

—Después, en la próxima clase, lo conversamos.

Me marché de allí sin reparar que algunos colegas en el bar me observaban intrigados. Me sentí incómodo, envuelto en desánimo al caminar por las primeras calles hacia la avenida. Iba a bajar a la estación de subte, pero no lo hice y continué andando. Al llegar a la plaza sin nada de verde, di unas vueltas por las pequeñas tiendas de libros usados. Siempre elijo detenerme en la tienda desde donde me han saludado. Era justo aquella que exponía toda la producción marxista-leninista-maoísta editada por *Fiebre Roja*. Allí encontré, en un costado, casi oculto el *Ensayo sobre el cansancio*, de Peter Handke, en la vieja edición de 1990 de Alianza.

Lo abrí al azar y leí, confuso y azorado, lo que sigue:

> *Sí, luego me sorprendía a mí mismo en una arrogancia fría, llena de desprecio por la gente, en una compasión altiva y condescendiente por aquellas profesiones, aquellas profesiones de verdad que en la vida llevarían a nadie a un cansancio regio como el mío. En estas horas, después de escribir, yo era un ser intocable... intocable en mi interior, como si estuviera en un trono, aunque estuviera en el rincón más apartado. "¡No me toques!" Y en el caso de que el orgulloso con su cansancio se dejara tocar, era como si esto no hubiera ocurrido* (Handke, 1990: 16).

Leer es releer

Escribir es ahora, hoy mismo, en este momento, mientras se escribe, durante la escritura, en el presente. Lo otro es la reescritura, la hechura que busca su ritmo en el ritmo precedente, su desenlace, la forma provisoriamente definitiva de una edición porvenir.

Leer es, en cambio, relectura: *"Leer recién empieza cuando se relee. Leer por primera vez no es más que la preparación de esto. Porque hace falta, para que haya lectura, que la lectura se deje de ver a ella misma como una lectura, una actividad específica, distinta del objeto que se va a leer, con la que la primera precipitación tiende a confundirlo, sumiéndose en ella"* (Meschonnic, 2007: 151).

Entre la primera y la segunda lectura, entre la segunda lectura y las siguientes, acontece la diferencia. Una diferencia que da al leer, como al significar, su emergencia, su aparición, el sentido separado de su objeto.

Afirmar la lectura como relectura no supone determinar qué es o qué no es el leer, sino más bien el hecho de dotarla del gesto de diferir siempre de sí misma, reuniendo así las varias formas posibles de relación entre lo leído y quien lee. Como si leer estuviese vinculado, al mismo tiempo, a dos tensiones por descubrir: la de comprender qué pasa con el lector cuando lee y la de reconocer qué le pasa a la lectura cuando es leída.

En el primer caso, se trata de entrar a la lectura para medirse —y para desorientarse y para perder el rumbo— frente a la alteridad imprevisible del mundo, la alteridad sin fin de la historia, la alteridad enigmática de los cuerpos y la alteridad laberíntica del tiempo.

El lector pone a prueba su creencia identitaria en la alteridad de la lectura: a cada fragmento, la posibilidad de una pregunta que comienza siendo exterior y se interioriza hasta confundir alteridad con intimidad: ¿de quién son, al fin y al cabo, las palabras que decimos; las frases que enunciamos; los sentidos que diseminamos? ¿Aquello que se lee en la escritura es tanto nuestro lenguaje como lo es *nuestro lenguaje*? Leer, entonces, podría ser una experiencia de alteridad, cuyas consecuencias difieren de lectura a lectura, de lector a lector.

En el segundo caso, la lectura tiene que ver con su práctica y su acto, no con un yo que la descifra a partir de su propia identidad: *"Ella tiene sus creaciones propias, de sentido, y de sentido de sentido. Sus genios, sus talentos, sus imbéciles. Esas creaciones, entonces, según un ciclo de sentido, vuelven a la escritura"* (ibídem: 153).

Mientras que en el comprender o pensar qué le ocurre al lector con la lectura se muestra la potencia de la alteridad —en tanto arroja al lector, solo, en medio de un mundo, sin signos previsibles ni disponibles de antemano—, en el reconocer qué le pasa a la lectura cuando es leída surge la dimensión del sentido que lo hace regresar a la escritura, al sentido de lo escrito –en tanto es *allí mismo* donde se revela o permanece mudo y no en la exterioridad del texto, en el mundo–.

Leímos en un seminario de posgrado *Vida y época de Michael K*, del escritor sudafricano Coetzee (2006). El propósito de la lectura no era otro que adoptar la novela al interior de la bibliografía de un curso sobre las múltiples y caóticas figuras de la alteridad.

Recordemos que se trata de un relato con un personaje sustancial –Michael K, de quien se dice padece de una cierta debilidad mental y que nace con labio leporino– cuya única intención pareciera ser la de intentar pasar desapercibido o inadvertido a lo largo de una larga travesía por una Sudáfrica convulsionada.[4]

Al poner en común lo leído surgieron algunos comentarios que permiten, tal vez, mostrar la radicalidad de esa tensión entre lo que sucede con el lector y lo que sucede con la lectura:

- Se trata de una novela que nos hace pensar en el maltrato y la incomprensión del mundo frente a las personas frágiles o débiles.
- Me dejó desolada la parte en que Michael K es internado en esa suerte de centro de reeducación u hospicio.
- Quedé consternada por la mala suerte de Michael K, como si nunca pudiera levantar cabeza, como si todo le saliera mal, siempre.
- El autor nos enseña sobre la vulnerabilidad de un hombre joven que no puede ni quiere participar en las escenas de la guerra.
- Lo más importante es que el médico del internado se da cuenta de que ya no existen en el mundo personas como Michael K.

---

4.   Más adelante en este libro dedico unas páginas a este personaje de la novela de Coetzee, en relación con la idea de no definir la "diferencia" sino de "escucharla".

- No comprendí por qué Michael K abandonó su trabajo, y dadas sus dificultades, pretendiera atravesar un país en guerra, sin armas materiales ni espirituales como para poder defenderse.
- ¿Por qué a las personas con deficiencia mental se las piensa como incapaces de otro trabajo que no sea el de barrenderos?
- Es conmovedora la secuencia en que muere la madre y él esparce sus cenizas y se echa a andar como si nada hubiera ocurrido.
- Me perturbó fuertemente la idea de que Michael K se considerase a sí mismo incapaz de transmitir nada.
- Los deficientes nunca hacen el amor, siempre tienen sexo.
- Lloré sin parar cuando terminé de leer el libro. De alguna manera siento que no puedo separarme ni despedirme de Michael K.
- ¿Había necesidad de que a Michael K, con todas sus desgracias, también le pusieran labio leporino?

Por cierto, hay aquí una pregunta anterior y obvia con relación a este tipo de lecturas y sus trampas *didácticas*: ¿qué literatura no es alteridad? —aun cuando la tentación es formular la pregunta más bien como: ¿qué literatura no es *de* alteridad?—.

Una respuesta incorrecta sería la de entender alteridad como particularidad subjetiva y, en su versión extrema, identificar la alteridad con la locura o con la discapacidad como es frecuente hacerlo. Vendrán a nosotros, así, extensos pasajes de obras literarias de referencia que aluden a esa identificación entre alteridad y demencia o alienación, entre alteridad y ceguera, o cuerpos amputados, cojos, etcétera.

Afirmar que la literatura es alteridad —y no de alteridad— supone volver a un provisorio punto de partida y retomar aquellas ideas expresadas bajo la forma de tensión por Meschonnic: ¿qué sucede, entonces, con el lector cuando lee? ¿Qué ocurre con la lectura cuando es leída y, sobre todo, releída?

La alteridad de la lectura se hace presente, así, dos veces en el gesto del leer: alteridad que llega al lector y diferencia se hace presente en la relectura.

La lectura y el miedo

El momento en que el lenguaje siente y piensa, pero no habla. El instante único, indivisible, original en el que una parte del lenguaje provoca estupor, no dice pero dice. El segundo en que la lectura se vuelve enfermedad peligrosa. La lectura.

> *En el Fedro, Platón evoca, para condenarlo, un extraño lenguaje: hete ahí que alguien habla y, sin embargo, nadie habla; es de hecho un habla, pero ella no piensa en lo que dice, y dice siempre lo mismo, incapaz de escoger a sus interlocutores, incapaz de responder si le interrogan y de presentarse auxilio si la atacan (...) Así, pues, Sócrates propone que, de esta habla, nos apartemos lo más posible, como de una enfermedad peligrosa, y que nos mantengamos en el verdadero lenguaje, que es el lenguaje hablado, donde el habla está segura de encontrar en la presencia de quien la expresa una garantía viviente* (Blanchot, 2009: 35).

Hubo un tiempo en que la lectura provocó un cierto tipo de compromiso existencial en relación con la vida de los personajes contenidas en los libros y, además, el hecho de ir en la búsqueda de una forma de vida personal que estuviese en consonancia con ellos. He aquí el carácter fundamentalmente pedagógico de la novelística del siglo XVIII: un tipo de texto que serviría como una orientación, como una guía de comportamiento, un camino moral de cara al futuro; un tipo de texto, además, que presentaba no sólo vidas virtuosas o santas sino también viciosas e infames y que, por eso, se distinguía por completo de las dos otras tipologías literarias habituales de la época: la literatura religiosa y los tratados o manuales prescriptivos del comportamiento.

Los moralistas y moralizadores de entonces, ya sean los de estirpe religiosa o los precursores de los buenos modales, iniciaron una guerra a muerte contra las novelas, por considerarlas atentatorias y desestabilizadoras de las vidas personas y de las instituciones sociales.

Si las novelas reflejaban insatisfacción, deseos ambiguos, intranquilidad, desasosiego, desconfianza, etcétera, había que crear un mecanismo pedagógico que contrarrestase la infelicidad, la confusión, el desdén, el más que probable caos y la pérdida de orientación existencial de los individuos lectores.

Pero el miedo, el miedo a la lectura, el miedo al libro, el miedo moral a leer, el miedo corporal a leer y sus efectos inesperados, son muy anteriores al surgimiento de eso que llamamos literatura y de eso que llamamos novela.

Ese miedo quizá tenga que ver con la impresión de las palabras, con el abandono de la oralidad en presencia, con lo que inspiran y conspiran las palabras detenidas, con aquello que se inaugura de inaudito, de solitario y de invisible en el acto de apartarse a leer, aquello que conjura la exterioridad y que traza un vínculo inefable en la relación entre la intimidad y la alteridad.

Miedo como temblor, temblor como veneno: *"Veneno lento (...) que fluye por las venas; la lectura era un rapto del alma. Este arrebatamiento, a los ojos del Creador, equivalía a una perdición total y aunque sólo durara mientras durase la lectura, las llamas de la eternidad no podían lavar ese pecado"* (Quignard, 2008: 55).

El miedo y su temblor no han desaparecido, al menos no lo han hecho para quienes al leer se dejan arrastrar por la experiencia de la lectura, por los efectos de la lectura, por el avasallamiento al *yo* que provoca la lectura. Como si, más allá del espectáculo transformista de la lectura y del lector, aún hoy, todavía ahora mismo leer signifique, sobre todo, no querer cambiar de página, no querer avanzar en el destino del texto, no desear ningún final, sino puros instantes entre-medios.

La lectura y el pasado

No se trata únicamente de cementerios, lápidas y muertos, de presentes y de ausentes, de latidos y de olvidos. No se trata de un suelo que se pisa y otro, su contratara, el vacío oscuro y hondo donde se yace. No se trata de prestar atención apenas al mundo que está por encima: también está el mundo de antes, la anterioridad de este mundo.

No es posible sentir y pensar el mundo por aquello que ocurre sólo en su superficie, en el aquí y ahora estrecho, en la mezquindad del presente. Tampoco es posible ni siquiera rozar de verdad la circunferencia del mundo si el tiempo pasado ya no existe, si las huellas son disimuladas y si las herencias son pensadas apenas como tradiciones incólumes, detenidas en su fecha, confundidas con el orden pétreo de los museos, los tesoros ocultos y los archivos.

El mundo es un aroma de siglos. Una pronunciación incesante. Hacia atrás y hacia adelante.

El mundo comienza, quizá, allí donde no lo vemos: en sus entrañas, en sus gases retorcidos, en sus átomos lúcidos, en los minerales que nos sostienen. El mundo está boquiabierto. En su duración, hubo quienes ya escribieron estas palabras. Durante su inmenso lapso, hubo quienes ya imaginaron cómo es el mundo. Durante su expansión, hubo quienes al vivir, murieron.

El mundo se compone de todo lo que ahora vemos y escuchamos y tocamos, sí. Y lo que vemos, escuchamos y tocamos nació antes, antes de nosotros, mucho antes del instante en que pudiéramos saberlo.

No hay nada más exacto que la muerte: rígida y puntual, directa y extrema, absoluta y brumosa. Más allá de los relatos que hacemos los vivos, la muerte es la última prueba de nuestra imposibilidad por persistir, por insistir, por resistir. Es curioso: por no poder ir más allá, hubo que inventar el más allá.

Sin embargo, el suelo que pisamos guarda la música de todas las pisadas. Solo los soberbios, los altaneros, los que se jactan de su fe inaugural, no reconocen que un camino guarda la infinita memoria de todas las encrucijadas; que una mirada incorpora la tonalidad de todas las estaciones del tiempo y que los pasos son indecisiones de miles de decisiones que otros han tomado.

Lo cierto es que mirar hacia atrás —o incluso hacia los lados— girar el rostro hacia el tiempo que nos precede, leer sin coyuntura, leer sin el peso de lo actual, es un gesto ya casi antiguo, desusado, anacrónico, incluso sospechoso. Como el gesto de dejar pasar a otro, de quitarse del medio, de no ser guardián o cancerbero. Hoy el gesto está tan vuelto hacia uno mismo, tan centrado en el sí mismo, que ya parece imposible que algo pase.

La urgencia es tan torpe y de tal magnitud que, en buena medida, la vida se ha puesto rápida y la muerte lenta. La prisa es una zancadilla que nos damos a nosotros mismos. La aceleración del pulso, el ánimo incierto, el corazón abroquelado, no son más que los signos de un cuerpo extenuado por tener que mirar siempre hacia adelante, siempre hacia el progreso, siempre con el arco del alma tenso.

El adiós al libro

El fin del libro no es el final del libro.

Al menos no lo fue hasta ahora. Por lo que sabemos, el libro ha sido capaz de sobrevivir —como lo sugiere Melot en *¿Y cómo va la muerte del libro?* (2007)— a sus propias transformaciones, a las prohibiciones, a las hogueras, al registro de sonidos, a la televisión, a Internet, a las redes sociales e incluso a su pariente más simiesco, el libro electrónico.

Desde los temblores iniciales de los primeros lectores medievales hasta los estremecimientos actuales, quizá más tecnificados y más eclécticos, el libro no parece haber tocado su fin, ni parece encontrarse en medio de una agonía más o menos terminal. A no ser que la cuestión del fin del libro preanuncie, con ella, otros finales abruptos, esto es, la muerte de ciertas imágenes del lector y de las prácticas de la lectura tal como las conocemos en nuestra época.

Pero: ¿qué pregunta es la del fin del libro? ¿Una pregunta quizá casi como la de la existencia de Dios, pero con respuestas muy diferentes? ¿Una pregunta que parece ser, en verdad, el preaviso de lo que se está abandonando o ya se ha abandonado irremediablemente? ¿Una pregunta cultural, literaria, pedagógica, industrial, comercial, filosófica?

La cuestión nos llega enmascarada: si se tratara de una pregunta comercial o industrial habrá que responder que jamás los grandes monopolios editoriales han vendido tanto como ahora; si se tratara de una pregunta acerca del formato, quienes leen aún están en duda sobre si es posible o no reemplazar el objeto físico por otros medios; si se tratara, en cambio, de una pregunta acerca de esa gestualidad del leer que se ha mantenido más o menos indemne desde los tiempos de Gutenberg, habrá la necesidad de decir algo al respecto todavía.

Leer, nunca se ha leído tanto. Lectores, jamás ha habido tantos, de cualquier cosa leíble, como bien dice Alessandro Baricco en su libro *Los Bárbaros* (2008). Es difícil adivinar o afirmar una existencia humana que no haya posado sus ojos sobre algún texto. Más aún después de la diseminación de las campañas mundiales, regionales, nacionales y locales de alfabetización y los programas globales de lectura. Es casi imposible que alguien no lea algo. Pero no es sobre esta lectura ni de este lector que la pregunta por el fin del libro toma cuerpo.

Es cierto que se pueden leer los horóscopos, los periódicos, los libros de autoayuda, las memorias de quienes todavía no tienen recuerdos, las biografías no autorizadas, las coyunturas políticas, los best-sellers, las historias de vida de los personajes políticos o de la televisión, etcétera. Y también es cierto que todo ello es lectura.

En todo caso, lo que permanece es la pregunta por el lector que hace una experiencia de lectura, no que apenas lee: ¿cuál podría ser la diferencia entre los lectores que leen y los que hacen experiencia de lectura y, en todo caso, para qué sirve esta distinción en tiempos como éstos?

De un lado, hoy existen más lectores de un cierto tipo de material exterior a lo literario, que buscan en la lectura no tanto el temblor inaugural de lo desconocido, sino más bien una respuesta a una cierta pregunta sobre la actualidad y la coyuntura. Aquí es donde cambian y se bifurcan los sentidos actuales sobre los libros, el lector y la lectura: ¿conservar ese sentido apenas para lo literario o entender su estallido a través de la hegemonía masiva de la información y la opinión?:

> *Si observáis una clasificación de las ventas, encontraréis un número increíble de libros que no existirían si no surgieran, digamos, de un lugar externo al mundo de los libros (…) El valor del libro reside en ofrecerse como un abono para una experiencia más amplia: como segmento de una secuencia que empezó en otro lugar y que, a lo mejor, terminará en otra parte* (Baricco, 2008: 82-83).

Lo cierto es que toda novedad o mutación trae aparejada una o varias nostalgias de lo que se cree ha sido ultrapasado o está pronto a sucumbir ante la prepotencia de lo que llega a pasos agigantados. Por ejemplo: la espectacular comodidad y rapidez del email dejó un tendal de nostálgicos por las cartas escritas a mano; las masivas redes sociales no dejan de hacernos sentir más soledad que en tiempos sin redes sociales y la comunicación por celular no anula el recuerdo por las largas conversaciones hechas entre los aparatos negros de teléfonos.

En fin: quizá hoy la lectura sea una fuente utilitaria de informaciones donde el deseo o la experiencia de leer no cumpla ningún papel esencial.

O todo lo contrario: leer seguirá siendo esa experiencia a la vez singular y comunitaria, en voz baja y a alta voz, que sigue confesando secretos que de otro modo jamás llegarían a nuestros oídos, a nuestras manos, a nuestros ojos, a nuestra vida.

Leer el amor y el suicidio

Quizá fue en una tarde plomiza, con un viento herido aullando entre los bosques, cuando Marina Tsvietáieva (1892-1941) tomó la decisión última, esa decisión que ya no da paso a otras decisiones, la de la soga en el cuello.

Es cierto que la vida no puede leerse apenas a partir de la forma que asume la muerte, pero una muerte que se toma con las propias manos podría decir algo acerca de los últimos instantes de una existencia en medio del fuego. Una despedida anunciada, un pedido de disculpas, un adiós casi sin voz: *"A mí perdónenme – no pude más"*, le escribe a sus hermanas. Y a su hijo Mur: *"Perdóname, pero en adelante habría sido todo peor. Estoy gravemente enferma, esto ya no soy yo"* (Tsvietáieva, 2008: 574).

La poetisa rusa se suicidó el 31 de agosto de 1941 en Elábuga, esa última aldea de exilio, esa frontera entre la vida y la muerte, rodeada por la estupidez, la fealdad, la mugre, la desesperación. Sin embargo, Tsvietáieva ya había preanunciado su muerte varias veces y desde hacía muchísimo tiempo. Por ejemplo en 1908, cuando expresó su deseo de suicidarse durante la representación teatral de *L'Aiglon*. O el 13 de mayo de 1918 cuando escribió: *"Toma, cariño, mis harapos / que fueron un dulce cuerpo. Lo he destrozado, lo he gastado / sólo quedan las dos alas"* (ibídem: 239). O también durante 1919, cuando ya había dejado de escribir versos e intuía, con descomunal lucidez, que ya pronto dejaría de amar.

Una existencia en la hoguera, de extrema pasión y aguda percepción, no puede sino estar expuesta al límite más voraz de lo cotidiano, a la rugosidad abrupta del tiempo, al borde mismo de una vida sentida y padecida como abismo inexorable sobre el que se pone de pie una y otra vez el amor y la escritura.

El amor —mejor dicho: el amar— y la poesía —mejor aún: el escribir— son las formas que más nítidamente revelan su biografía. Si se ama y se escriben versos la vida es la duración de los instantes que se mueven al ritmo, la pasión y la hondura. Pero si un buen o un mal día se deja de escribir y, enseguida, de amar ¿qué queda de la vida, qué hay en la vida?

En el caso de Tsvietáieva se trata de un escabroso y definitivo hartazgo existencial: la humillación por no tener donde vivir ni donde apoyar sus pocas cosas, la angustiosa falta de respuestas a su necesidad imperiosa de trabajo, la lejana prisión de su marido, el destierro incógnito de su hija mayor, la incomprensión por los rumbos de la política, su persistente enfermedad, el acecho mortífero de la ocupación nazi; en fin, toda una geografía siniestra apenas iluminada por la urgencia de un final para la vida.

El hecho de que hoy conozcamos su poesía, su prosa, su epistolario, en síntesis, que sepamos algo parecido a su intimidad, no borra con una supuesta familiaridad tanta soledad bestial, tanta intensidad ahogada, tanta voluntad de existencia y tanto desapego final. Así como tampoco oscurece o apacigua toda la tensión apabullante que transmite una vida puesta en una escena brutalmente real: como si la luz de este teatro hubiera iluminado malamente los fragmentos de su vida, como si el guión hubiera sido escrito por una pluma ensañada con más y más tragedia.

¿Qué escoger para un retrato de Marina? ¿A qué escena prestarle más atención? ¿A los sonidos y ritmos de una poesía nueva atada a la sangre de su corazón? ¿A la amorosidad de una grieta que se abría ante cada una y cualquiera de aquellos que deseaban habitar su vida? ¿A la desgarradora muerte por inanición de su otra hija, Irina? ¿A esa voz insistente que deseaba más que nada ser oída, ser leída, ser querida? ¿A los sucesivos exilios exteriores e interiores? ¿A esa sabiduría puntillosa y universal que asomaba en cada cortejo y cada consejo de su múltiple e inagotable correspondencia?

De escritura intensa, fecunda, extensa y sonora, Tsvietáieva dejaba todo en el texto, como relata su hija Ariadna: *"se volvía sorda y ciega a todo lo que no fuera su manuscrito, en el que se sumergía con el pensamiento y la pluma"* (Efron, 2009: 23).

Escribía bien temprano por la mañana, donde los únicos sonidos son los de un cuerpo que se despierta y nace y, con ellos, la transparencia de la mirada y de la piel dispuesta a percibir el mundo, con la cabeza fresca y el estómago vacío. El mundo se percibe, nos dirá, no se conceptualiza.

En su poética hay, sobre todo, ritmo, palabra cantada. No es una poesía de novedad, sino de autenticidad. Por ello Marina no creía demasiado en las formas *"salvo bajo la forma de un cascarón roto o de un difunto de tres días"* (Tsvietáieva, 2008: 395).

La poesía no es una forma, entonces, sino la fuerza de lo que está vivo o de lo que se puede y se deja revivir a través de la escritura. Y esa fuerza de lo vivo, más allá de las formas, no es otra cosa que la voz. En Tsvietáieva la voz no se busca, no se investiga, no es un artificio sobre el cual acomodarse. Es una voz que se sigue a sí misma, se acompaña como el sonido de la sombra de la existencia.

Y será ese sonido el que resonará más allá de su cuerpo y de su existencia. Será esa voz la que nos siga hablando y escribiendo. Solo la lectura podría salvarla de otra soga al cuello: la de una nueva indiferencia, la de un tan poderoso como indigno olvido.

Los peligros de la lectura

Los peligros del mundo, de este mundo: el amor, la lectura, el paseo y la escritura, en cualquier orden.

El amor: lo desordena todo.

La lectura: lo imagina todo.

El paseo: lo percibe todo.

La escritura: lo perfora todo.

Sin embargo, el mayor peligro siempre está en lo inútil, en la inutilidad. Eso es lo que más le incomoda al mundo, a este mundo.

Hoy, en medio de tanta urgencia, la virtud podría ser la pereza, el cansancio, la parsimonia, el demorarse, la falta de prisa.

Y la imagen más conmovedora quizás sería: cualquier persona que no esté apurada, ni haciendo fila, ni tan prolija, ni hablando fuerte, ni conectada.

Lectura y ficción

Se comprende demasiado rápido que mentir no da paso a la verdad, sino a una ley abrupta de interdicción, de espasmo, de lenta voracidad.

Comenzando por el niño que sabe que miente porque a él le mienten es posible trazar la historia como un continuo indefinido de mentiras en varias direcciones: mentir para aislarse de otras mentiras; mentir para que sea posible por un instante lo verdadero; y mentir, al fin y al cabo, porque no somos otra cosa que ficciones desconocidas que creamos y que contamos a los demás y a nosotros mismos.

Tal vez el único límite de la mentira es el amor. O el desamor. Mentir, amar y desamar, jamás deberían formar parte de una misma frase. Aunque así lo hacen y demasiado a menudo. Se aprecia en el merodeo, en el balbuceo, en el desvío de la mirada, en la turbia pronunciación furtiva que se esconde detrás del silencio inapelable. Y se sufre. Porque a veces sólo se miente. Y muy poco se ama.

Una creencia y una mentira se parecen demasiado. El rostro del que cree es luminoso, porque paga por ello con su vida. El rostro de quien miente puede parecer luminoso, pero por fuera. Porque una mentira es una grieta en el rostro. Se puede ver la luz, quizá, pero ya con el cuerpo caído.

Sin embargo.

¿Es mentira la levedad de la lectura cuando toma su propio rumbo y ya no obedece? ¿Es cierta la gravedad del lenguaje cuando nos esconde del mundo?

Una ficción no es una mentira. Es una decisión. Si el mar nos arroja fuera una y otra vez ¿es mentira o es ficción su danza? Si la boca del mundo es un fuego que nos quema ¿es mentira o es ficción la pasión? Si no hay nada alrededor que no sea hipocresía y humillación ¿es mentira o es ficción el olvido?

¿Quién es uno para decir, por ejemplo, que Emily Dickinson vivió y escribió en otra época?

¿Quién, para no decirlo?

Leo a Emily Dickinson para encontrarme con ella.

Yo quisiera que Emily Dickinson estuviese viva.

ESCRITURAS

Sentidos del escribir.

Escribir como ensayar.

Escribir como no morir.

La escritura amordazada.

La escritura ya no es lo que era.

Escribir y extrañar.

Escribir cartas.

La pregunta por la escritura.

Escribir como si fuera el fin del mundo.

Tomar notas.

La escritura destruida.

Escribir, escribiendo.

Escribir como escuchar.

La escritura en sus propias palabras.

Escritura como extrañamiento.

Cómo llegar a la escritura.

Escritura del instante.

La escritura *en alta voz*.

ଔ *No se puede escribir sin la fuerza del cuerpo. Para abordar la escritura hay que ser más fuerte que uno mismo, hay que ser más fuerte que lo que se escribe. Es algo curioso, sí. No es sólo la escritura, lo escrito, también los gritos de las bestias de la noche, los de todos, los vuestros y los míos, los de los perros.* (Marguerite Duras). ଔ

Sentidos del escribir

Tal vez el único sentido, la única razón de la escritura sea escribir. Sin tener razones para hacerlo, ni de antemano ni a posteriori. Ni razones mayúsculas ni razones minúsculas. Ni escribir para ser alguien en el mundo, ni para el futuro, ni para el porvenir, ni para la posteridad; ni para asumir una posición desde la cual ver el mundo, ni para autorizar a que otros tomen ésas u otras posiciones. Ni para avanzar en la vida, ni para retroceder. Ni para ser mejor o peor persona.

En la escritura no hay otra razón que el amor y el desamor por las palabras, la pasión y el desasosiego por las palabras, la atracción y la repulsión por las palabras:

> *Un escritor sería (...) alguien que otorga particular importancia a las palabras; que se mueve entre ellas tan a gusto, o acaso más, que entre los seres humanos; que se entrega a ambos, aunque depositando más confianza en las palabras; que destrona a éstas de sus sitiales para entronizarlas luego con mayor aplomo; que las palpa y las interroga; que las acaricia, lija, pule y pinta, y que después de todas estas libertades íntimas es incluso capaz de ocultarse por respeto a ellas. Y si bien a veces puede parecer un malhechor para con las palabras, lo cierto es que comete sus fechorías por amor* (Canetti, 1999: 82).

Pero no está demás decir que se escribe no para algo, sino para alguien, no en nombre de algo, sino en nombre de alguien. Y que en ese alguien hay una mezcla de presencia con nombre propio y ausencia, quizá, sin nombre alguno. Que se escribe para uno y para otro: "*Desde luego, escribimos, en primer lugar, para nosotros, para aclararnos, para tratar de elaborar el sentido o el sinsentido de lo que nos pasa. Pero hay que escribir, también, para compartir, para decirle algo a alguien, aunque no lo conozcamos, aunque quizá nunca nos lea*" (Larrosa, 2011: 202).

Para ser escritor hay que escribir, a lo que se podría añadir: para escribir hay un cierto grado de renuncia, de dejar de ser, de darse de bruces con la imposibilidad de hacerlo, de estar del lado de la desazón, del hastío, del tener paciencia, del quedarse en medio del peligro de la escritura, de la soledad, de la desesperación, del quitarse de la cabeza que es posible aprender a escribir.

Entonces sí, escribir.

Escribir, entonces, no *es*. Escribir, *hay*.

O, dicho en otro sentido: la escritura no *es*. En la escritura, *hay*: *"Y ya que hay que escribir, que al menos no aplastemos con palabras las entrelíneas"* (Lispector, 2007: 27).

Escribir como ensayar

El ensayo no sería un simple acto descriptivo o un juicio moral alrededor de alguna cuestión puntual. Su esencia, si la tiene, no está en el hecho de reducir la disquisición a un concepto más o menos articulado sino, justamente, en el hecho de liberarse de él, reuniendo observaciones, contradicciones, vivencias y apreciaciones siempre provisorias, siempre incompletas, siempre fragmentarias, siempre inacabadas.

Ensayo, entonces, como *pretexto*, es decir, como una escritura que se relaciona más con la aventura intelectual, con el laberinto de ideas que surge de la problematización permanente, con el enigma expuesto en carne viva, a través de un relato que no puede ni quiere ser sistemático, metodológico.

Decía Lukács (citado por Adorno, 1962) que el ensayo todavía no puede independizarse del todo de la ciencia, la moral y el arte. Allí reside su mayor fragilidad y debilidad. Al mismo tiempo, la poesía —hermana del ensayo según este filósofo— ya habría logrado quebrar esa primitiva e indiferenciada unidad:

> *El ensayo habla siempre de algo ya formado o, en el mejor de los casos, de algo que ya en otra ocasión ha sido; es pues de su esencia el no sacar cosas nuevas de una nada vacía, sino limitarse a ordenar de un modo nuevo cosas que ya en algún momento fueron vivas. Y como*

> *se limita a ordenarlas de un modo nuevo, en vez de dar*
> *forma a algo nuevo a partir de lo informe, se encuentra*
> *vinculado a ellas, tiene que decir siempre la "verdad"*
> *acerca de ellas y hallar expresión de su esencia* (Lukács,
> citado en Adorno, 1962: 11).

El valor del ensayo no radicaría, entonces, en su proximidad a la verdad sino en la potencia de su experimentación. De ese modo el ensayo no se sometería a las reglas metodológicas en torno de lo que pueda o deba ser una definición sobre lo cierto/equivocado, lo verdadero/falso, lo científico/no-científico, lo real/irreal, etc.

Al pensar que la filosofía habría ya pretendido apropiarse de la experiencia verdadera, Benjamin sugiere que tal posibilidad deviene en realidad de la poesía y establece un correlato entre la idea de experiencia de Bergson y el sentido de la experiencia que asume el poeta Baudelaire en relación con su lector.

Esta aproximación de Benjamin a la literatura y su consiguiente escritura ensayística sobre el arte, la forma y el lenguaje, se aproxima a las ideas de ensayo que propusiera Theodor Adorno –de hecho *El Ensayo como forma*, escrito hacia 1954, es un texto que manifiesta expresamente una actitud de sospecha de lo que es llamado como *ciencia*–.

Adorno sitúa al ensayo como un tipo de género que se encuentra entre la ciencia y el arte, y que no es, por tanto, ni ciencia ni arte. Pero no siendo ni una ni la otra, no se exime de una cierta responsabilidad formal, de una cierta sistematicidad y de una determinada relación *con la cosa* sobre la cual discurre. Por eso sostiene aquello que un mal ensayo no es mejor que una mala tesis doctoral.

Desde esta perspectiva, el ensayo no trabaja a partir de categorías, sino desde la experiencia. Asume un impulso anti-sistemático y su estética se vuelve anti-ceremonial. Por ello no puede obedecer ni someterse a las reglas de juego de la ciencia y de la teoría organizada, según las cuales el orden de las cosas es el mismo orden que el de las ideas. Es por eso que el ensayo suspende el concepto tradicional de método.

Adorno atribuye al ensayo un carácter fragmentario, una escritura de no-identidad y de no-totalidad. Al tratarse de algo fragmentario, y por lo tanto accidental, el ensayo no persigue la eternidad sino lo que es perecedero, o bien, busca *eternizar lo perecedero.*

El ensayo libera al pensamiento de la idea tradicional de la verdad; no hay verdad en el ensayo, pero si veracidad. La relación caótica entre el sujeto y el objeto no se torna identidad sino que se vuelve en parte verosímil; al recordar la libertad de espíritu, rehúye de la ilusión de que el pensamiento pueda escapar de lo que es la cultura –*thései*– y, entonces, acaba por no tolerar su propia omnipotencia y omnipresencia. Por ello, sugiere que el ensayo escapa: "*(...) de la ruta militar que busca los orígenes y que en realidad no lleva sino a lo más derivado, al ser, a la ideología duplicadora de lo que ya previamente existe*" (Adorno, 1962: 21).

En esa dirección no es que el ensayo se sirva del lenguaje, sino que *es lenguaje,* o más en concreto aún, *es esencialmente lenguaje.* De aquí que el autor compara la forma en que el ensayo se apropia de los conceptos con el modo en que un sujeto trata de hablar una lengua en un país extranjero, esto es, no como quisiera la pedagogía académica –agolpando fragmentos y acumulándolos en cierta secuencia– ni a través de los diccionarios sino exponiéndose al error, a la falta de seguridad, al temor por la norma.

Siendo esencialmente lenguaje, el ensayo piensa discontinuamente, a los saltos. Y, como el lenguaje, no comienza por Adán y Eva, esto es, no comienza cada vez por un principio original, sino por donde quiere o puede comenzar a decir. Y no culmina en un veredicto final sino que siente que ha llegado al final, su final, el final de la experiencia que estaba en juego en el acto de ensayar.

Escribir como no morir

Uno está vivo. Y sin embargo: ¿qué puede significar vivir atrapando sombras delgadas, finas y huidizas pasiones a las que se les ha quitado el cuerpo y el tiempo?

Todos están muertos. Todos. Quien más y quien menos. En algo, en mucho o completamente. Lo sepan o no lo sepan. Con dolor o indiferencia. Llegar al fin, al término. Pronunciar la última palabra posible, sólo expresable por otros, en el desgarro o a regañadientes.

Abandonar el cuerpo, la memoria, el destino, la infancia y el amor, todo de una sola vez. Decir como expirar, como resoplo exánime. Dejar de saber si es posible otra vida. Dejar de saber, incluso, si es posible otra muerte. Abandonar el escenario de la vida. Pasar a ser recuerdo u olvido. Desterrarse el yo sin noción de otra tierra que el entierro. Haber puesto en la trama de la vida todo lo que era posible. No saber, jamás, si acaso lo era.

Todos están muertos. Todos. Uno también lo está, en cierto modo. En un modo que no decide, ni participe, ni elige. Todo el instinto por vivir lleva consigo la voz de la muerte. Adosada, adherida, abrasiva. Toda la voluntad de vivir escucha el dictado de la muerte.

No hay otro sentido de la muerte que el de la existencia de la muerte de los otros. La muerte propia tiene voz, nos habla, pero no tiene conciencia ni duración. Se siente dolor por cada muerte probable, por cada muerte que se anticipa a su tiempo y a su lugar.

Duele el morirse, pero luego habrá que buscar con desesperación todo aquello que alguien, bajo tierra, ha dejado sobre la tierra. Creer que más que la muerte, duele el dolor que perdura en los vivos. La muerte es demasiado precisa. No ofrece conversación, ni pactos, ni tregua, a no ser la parte que nos toca en un guión de una obra ya escrita: *"Pero ha pasado el tiempo /y la verdad desagradable asoma: envejecer, morir /es el único argumento de la obra"* (Gil de Biedma, 1982: 152)

La muerte nos hace en parte mentirosos. O quizá no totalmente honestos. Amamos, después, lo que no fuimos capaces de cuidar antes. Las pérdidas se alargan hacia atrás y, de repente, nos damos cuenta de que lo perdimos todo: perdimos a quien se muere y perdimos aquello que fuimos junto a quien muere.

La muerte iguala a los muertos, ya se ha dicho. Pero también iguala por un instante a los vivos: nos hace cómplices de un dolor que comienza parecido y al cabo de unos segundos muestra todas sus diferencias: por allí el silencio, por aquí una voz que, quizá, permanecerá siempre.

Sabemos que no disponemos de la última palabra. Esa palabra es, en la vida y en la muerte, siempre de otros.

Por eso: escribir como no morir.

Al contrario: hay demasiada vida cuando las palabras recorren los sitios abandonados, los oscuros pasadizos donde el cuerpo no pasa, la imposible claridad de una tarde cuando aún es madrugada.

Pero la vida significa tantas cosas: la casa sola, el destierro de cada hombre, el abismo al que nos asomamos, la voz que es el hilo más débil para anudarnos y, sobre todo, los ojos que se abren y comienzan a desear lo que nunca vieron.

Decir lo que ya se ha dicho, pero con otras palabras.

Hallar el secreto que nunca nos confesaron.

La escritura amordazada

Anna Lárina se hizo callada a la fuerza. En realidad no se calló, fue acallada.

El silencio no está en ningún sitio. Nada se calla en la inmensidad de un paisaje. No se calló jamás en su infancia. Su país es un largo desfiladero de palabras. Su boca podía ir más allá de lo que tocaba, de lo que veía, de lo que incluso soñaba.

El mundo, cierto mundo, cierto momento del mundo, ciertas personas en cierto momento del mundo, la callaron. La hicieron una aliada involuntaria del silencio. De un silencio entrecortado, agrio.

Anna es el silencio de una vida cargada de sonidos. Suenan en ella los libros de su padre, las marañas de sus primeros deseos, el testamento de su marido. Todo lo que algún día habló con ella, lo guarda como sonido: campanarios, aves, huellas, secretos, amores, desatinos.

Vivió callada mucho tiempo. La imaginaban y la hacían muda, desprovista de voz, asfixiada, como una esfinge de piedra sin ningún relieve. Sólo aparentaba mutismo hacia fuera. Hay sitios donde estamos pero no existimos. Hacia dentro se habla, se siente, se toca, se escribe a sí misma.

Durante los años de oprobio, que fueron tantos, tan sin números, inscribió en su cuerpo setenta y siete poemas. Los hacía con sonidos ventriculares, abiertos, ahuecados. Y los recordaba al mismo tiempo, bajando los párpados, negándose a otros abismos, desertando hacia otros suelos.

Hacía poemas pero no podía escribirlos. No solo por carecer de tinta y papel. No podía escribirlos pues cualquier escritura se volvía trampa, incesante peligro. Escribir sobre el papel era una indeseable confesión, una voz revelada, una culpa mortal. Como si escribir fuese mostrar un ardor en llamas; como si escribir fuera un gesto desnudo, traslúcido, demasiado fácil de ser traducido, un riesgo parecido a un paredón, a la descarga de una metralla.

Por eso hacía sus poemas con la boca, musitando, rumiando, cuidando que el resto del cuerpo quedase inmóvil, para que nadie se diese cuenta, ni el más innoble ni el más perspicaz de los carceleros.

Hacía poemas sin método sino con la tierna dureza de la insistencia, como una costra que ya no se seca ni se transforma: por la mañana, luego de compartir con una rata el trozo de pan casi moho, casi piedra, ejercitaba primero la respiración —sin respiración no hay poema, se oía decir—; eran sorbos fríos hacia adelante y muy tibios hacia dentro; expiraciones de invierno y absorciones de primavera; enseguida que sentía que debajo del diafragma había aire suficiente, hacía hileras de palabras, rimas como juegos de infancia, repeticiones de sonidos que alcanzaban justo hasta del límite de sus labios.

Escribir poemas es hacer que las palabras no vuelvan a caerse. Más allá no era posible. Ningún sonido podía hacerse presencia. Solo en el instante en que el camino entre la respiración y la lengua estuviese solo, ya aislado, el movimiento invisible comenzaba a tomar la forma del poema.

Era una poesía repleta de signos de admiración: ninguna otra cosa que los pequeños saltos que provocan los recuerdos, las elevaciones de los hombros cuando la amargura cede y las cejas arqueadas cuando querría reírse.

Como si inscribir poesía le diera un mundo que sólo ella habitaba y, desde allí, desde esa lengua que no salpica sangre sino silencio, pudiese hablarle al otro mundo, ése del cual se encontraba arrancada.

Una poesía hecha con una lengua paciente, frágil, indeleble, para soportar esa vida real, ese agujero, derrumbar las paredes de la jaula húmeda; hablar sin hablar con otros que no fueran sus guardianes y verdugos; para, simplemente, asegurarse una existencia.

La poesía, el poema como lo contrario del suicidio de su voz y, entonces, de su carne. El poema como la única soledad que permanece quieta durante la insoportable vejación del aire.

Respirar. Escribir. No. No puede escribir. No puede mostrar. No escribe: inscribe. *"Todo es vanidad de vanidades / todo en el mundo es insignificante / el saludo de la felicidad / un mar de terribles desgracias / lo verdadero y lo falso"* (Lárina, 2006: 437).

Nada puede erguirse cuando todo está arruinado. Todo lo que queda es pronunciar en silencio, para uno, lo que jamás podrá escribirse.

En el reino de la desgracia, en la tiranía del dolor, un poema se agazapa, acecha. Y espera ser rugido.

La escritura ya no es lo que era

La escritura ya no es lo que era. Lo que no está ni mal ni bien. Sólo se trata de preguntarse si aún vale la pena darle algunas vueltas a qué era la escritura que ahora no es, a qué es esa escritura que ahora está. Lo que estaría mal sería encogerse de hombros en señal de que *así son las cosas*. Lo que sería mejor es declinar de la idea de que sin escritura nos transformamos en animales dóciles, o en humanos aberrantes, incompletos.

Ya sabemos lo que provoca la domesticación a través del lenguaje como estandarte, como bandera. Una de las preguntas que, creo, valen la pena hacerse es aquella del humanismo vinculado a la escritura. Esa pregunta encuentra aquí –por cierto fuertemente inspirada por algunas ideas del filósofo Peter Sloterdijk– dos direcciones posibles: la vaga noción de cofradía o de comunidad o de amistad que la escritura produce; y la afirmación de la escritura como norma. Ambas ideas provienen, en efecto, de la historia del humanismo, pero en diferentes tiempos.

En primer lugar podríamos identificar la historia del humanismo con la historia de la escritura: la escritura como una suerte de carta universal que va pasando de generación en generación gracias a un pacto íntimo y secreto entre emisarios y destinatarios, originales y copias, un vínculo férreo para poder ir más lejos, para no encerrarse, para poder realizar travesías propias y ajenas. Una travesía de ese porte suponía y supone tanto al escritor como al lector. Y esa es la principal virtud de una amistad que durará siglos.

Hay en esta apreciación un eco de aquel Nietzsche que buscaba transformar el amor al prójimo –ese amor tan inmediato, tan religioso, tan mezquino– en un amor por vidas ajenas, lejanas, desconocidas. Y esa transformación nos era dada gracias a la escritura. La escritura, entonces, como invitación a ir más allá de uno mismo, a salirse, a quitarse la propia modorra, una invitación para abandonar el relato repetido, la identidad del uno como centro de gravedad y como centro del universo.

La imagen es conocida y aún así no deja de ser curiosa y amable: un fantasma comunitario está en la base de todos los humanismos, una suerte de sociedad literaria devota e inspirada, en fin, una comunión en armonía. Permanezcamos un poco más en esta imagen y encontremos su contracara. Antes, mucho antes de la llegada de eso que hoy llamamos —no sin cierta levedad— el Estado, o mejor aún, el Estado Nacional, saber leer y escribir supondría:

> *Algo así como ser miembro de una elite envuelta en un halo de misterio. En otro tiempo, los conocimientos de gramática se consideraban en muchos lugares como el emblema por antonomasia de la magia. De hecho ya en el inglés medieval se derivó de la palabra* grammar *el* glamour; *a aquel que sabe leer y escribir, también otras cosas imposibles le resultarán sencillas. Los humanizados no son en principio más que la secta de los alfabetizados, y al igual que en otras muchas sectas, también en ésta se ponen de manifiesto proyectos expansionistas y universalistas* (Sloterdijk, 2006: 24).

Subrayemos algunas palabras de este fragmento, por ejemplo: elite, misterio, magia, glamour, secta. Es inmediata la sensación de un mundo partido, quebrado o dividido en función o en virtud o en el privilegio de la escritura y la lectura. Lo que no hace más que devolvernos a la creencia platónica de una sociedad en la cual todos los hombres son animales —lo que no deja de ser cierto— pero donde algunos crían a los otros y estos otros serán, siempre, los criados. Para decirlo de otra manera: los animales que leen y escriben educan a los animales que no lo hacen.

Por lo tanto: el humanismo de los siglos XIX y XX se hizo pragmático, el pragmatismo induce a lo programático y esa sociedad sectaria, mágica, creció hasta volverse una norma para la sociedad política:

> *A partir de ahí los pueblos se organizaron a modo de asociaciones alfabetizadas de amistad forzosa, unidas bajo juramento a un canon de lectura vinculante en cada espacio nacional. ¿Qué otra cosa son las naciones modernas sino eficaces ficciones de públicos lectores que, a través de unas mismas lecturas, se han convertido en asociaciones de amigos que congenian?* (ibídem: 25-26).

Ese humanismo, el humanismo de Estado, es el origen de la imposición de la lectura y la escritura obligatoria: los clásicos, el canon, el valor universal de los textos nacionales. Ya tendríamos a disposición algunos argumentos para desentrañar tanto la vertiginosa actualidad de la escritura como una insistente impotencia. Las ideas del humanismo ya no pueden contra la época actual; no pueden, no tienen lugar, no caben, son anacrónicas.

En buena medida porque también la escritura y la lectura se han transformado en mercancías y ya no requieren de lectores o escritores amables o amigos, sino de consumidores.

Escribir y extrañar

Una buena parte de lo que forma parte de la vida está en vías de desaparecer o pende de un hilo demasiado fino y ya deshilachado. Pareciera que nadie consigue amarrarse a los nudos que lo componen. O, tal vez, todas las cosas a punto de escabullirse se sostienen sólo por una mano temblorosa que debe hacer demasiado esfuerzo para aferrarlas.

Objetos, sí, cosas. Funciones, también. Lugares. Gente, claro está. Y también atmósferas: el cuerpo en determinados sitios realizando acciones o funciones con las personas y las cosas. Los olores. La gestualidad perdida. Un cierto tono de voz. Sonidos de calles sepultadas. Una cierta manera de mirarse.

Una determinada ceremonia es necesaria antes de enterrar con liviandad lo que ahora pasa inadvertido y que, alguna vez, era el centro de la tierra, de nuestra tierra. Escribir sobre las horas o segundos debajo de la lluvia, acerca de la compasión de ciertos rostros, sobre la extensión de las arrugas y la pérdida de los juegos: *"Escribamos de una vez por todas las necrológicas del pequeño comercio: ferretería, mercería, tienda de comestibles y tienda de legumbres (...) El tiempo baja las persianas y despinta los letreros sin colgar en ningún sitio el aviso de defunción"* (Claudel, 2012: 60).

Se extrañan las droguerías, los boticarios, el tecleo de las máquinas de escribir, los paseos sin compras de los sábados, la honesta voluntad de los campanarios, los libreros furiosamente lectores a los que no quisiéramos distraer, los aromas específicos —por ejemplo el del primer sexo, el segundo anterior al primer beso, el regreso del padre desde el trabajo—, las cartas largas con posdata, los cambalaches, los abuelos vivos o sus relatos o sus ensueños, las pelotas de trapo y las de cuero, los perros sueltos, la búsqueda desenfrenada del amigo, los vendedores ambulantes, los lustrabotas, los trueques sin medida, los sonidos que se incorporan junto a nosotros los domingos por la mañana, la claridad del cielo, las ignorancias de todo tipo, el enigma de la desnudez, el almidón sobre la ropa, el arreglárselas como se pueda, el olor del libro abierto, el silencio horizontal de las tardes, las sillas en las puertas de las casas, la vecindad como exploración de nuevos mundos, el viaje como travesía, los carnavales desorganizados, la política como pasión amorosa, la experimentación del clima cuando la lluvia o el ardor ya eran irreparables, los condimentos del arroz con leche, la aventura de la huida, el horror a la tormenta, mi mano en la mano de mi madre, las visitas sin motivo ni conclusión, los anuncios que no intentan dominar el mundo, el mundo ancho y ajeno, los mapas en relieve, los cristales con sonido puro, la música o los libros que se descubrían sólo por las amistades, los cementerios ocultos, los senderos que nadie transita, los destinos imprevistos, el olor a carbón y a leña, la pérdida siniestra de un cuaderno, la infancia no interrumpida, la siesta de la casa y de las personas, los frascos de la droguería que no son antigüedades, ciertos viejos modales, el sueño en blanco y negro, el escuchar a los ancianos, la sábana dura, el color sepia, el primer sol sin protecciones, el barro de las calles, las angustias inconfesas, los dolores personales, la humedad severa, el ruido sanguíneo de las cañerías y los calefactores, la llamarada más roja que azul, los relojes grandes que roban unos segundos a los minutos, la muerte sin espectáculo, el secreto conservado, la exactitud de los peligros, el roce de los pies sobre la arena, el ruido del brazo de la púa apoyándose sobre el vinilo, los acordes inéditos, la invención de las mentiras, el paso de los niños de la escuela deteniendo el tráfico, las voces singulares ahora todas confundidas, la confesión del temor, el poder cavar agujeros, la televisión con cuatro canales, la radio como la voz de las paredes, el juego interminable y sin instrucciones, el tesoro de los altillos, la languidez sin propósito, la lectura con la luz debajo de la frazada, el ajedrez que sólo enseñan los tíos, el trompo errático, las medicinas amargas, el olor a colonia, el regresar de madrugada, las aventuras escuchadas en las peluquerías, las muñecas y muñecos de porcelana, el reflejo de los pasos contra los ladrillos mudos, las historias imposibles, buscarnos cuando hacía falta, llamarnos con los labios, pedir permiso para tocarnos, el patio desmedido de la escuela.

¿Cómo se escribe el aviso de defunción del propio tiempo? ¿Cómo lo que ya no está y continúa en el presente? ¿No es la escritura, acaso, la reescritura de lo perdido?

Se extrañan las vidas no vividas: las que ya pasaron y las que ya no pasarán. Pero también se extraña la propia vida cuando no era ésta, la que ya envejece.

Se extraña ese tiempo que era otro tiempo.

Ese tiempo que, por entonces, parecía ser de cada uno.

Escribir cartas

Marina Tsvietáieva se ahogó una vez sola. Y fue suficiente. Dejó una carta, una carta que venía de muy lejos, una carta que se parecía a un ciprés, o a un alerce, o a un sauce, pero no a un roble. La carta decía: *"tengo miedo, ¿qué otra cosa me queda?"*.[5] Se sentía agraviada, ensangrentada. Le habían arrancado su pasión más fuerte: la justicia. Era incapaz del dinero y de la fama: eso era para los poetas débiles. Era imposible hacer-

---

5.   Todos los textos entrecomillados de este apartado pertenecen a Marina Tsvietáieva, *Confesiones. Vivir en el fuego.* Barcelona: Galaxia Gutenberg, 2008.

lo y sentirlo todo de otra manera: *"hay que estar muerto para preferir el dinero"*.

Todo se precipitará en el equinoccio de la primavera. Su hijo, tan pequeño, se va la guerra, escruta el cielo de los bombardeos. Su carácter se torna humor infame, pesimista, de un humor suicida. Le proponen un cargo de educadora: *"no soy capaz de ello"*, responde.

Ruega para que le den un trabajo como lavaplatos. Pide cualquier trabajo, cualquiera. Ya advierte lo que será su propio desenlace: se imagina a la perfección el día que dejará de escribir poemas. *"Esa historia con los versos sería mi primer paso hacia la no-existencia"*. No existir: ni escribir, ni amar, ¿quién sobrevive? La vida es más compleja que un querer o un no quiero. Piensa en la muerte y no le alcanza ni la razón ni la pluma. Se hiere y escribe: *"La herida: un hoyito pequeñito a través del cual se va la Vida"*.

Suplica por su hijo, lo demás es ahorcarse. Encarga a sus hermanas el cuidado de un baúl con libretas llenas de poemas escritos a mano y un paquete con textos en prosa. No puede más, suplica perdones. Pide perdón por pedir tanto perdón. La vida es un callejón sin salida al que no se entra, se cae. *"Mi madre se suicidó"* –escribe su hijo Mur–. Y mientras lee la última carta, encuentra en medio este verso escrito en octubre de 1940: *"Y mis cenizas serán aún más calientes que la vida de todos los que me negaron aire"*.

Tsvietáieva escribía cartas. Como otros salen a pasear. O miran los lirios. O buscan, incansables, el sentido de lo incierto. O se visten y se desvisten. O miran el paso de un cisne por un agua quieta. O, simplemente, descansan. Iba y volvía de varios lugares, perseguida, exiliada, regresada, esperada, inesperada. No tenía casa. Su casa era la escritura. Vivía en el fuego.

De niña había sido indiferente a los juegos y amante apasionada por todo lo que podía ser leído y escrito. Indiferente a los propios, cautivada por los extraños: aristas y ristras de una mujer ausentada de Dios pero no de la furia.

A los siete años ya todo lo sabía: *"Todo lo que me gustaba, me gustó antes de cumplir los siete años, después ya no me enamoré de nada"*.

Tenía un cuerpo largo, desmedido. Sus brazos caían hacia las páginas blancas y se hundían en la terquedad, en la franqueza, en una extraña danza de bienvenidas y despedidas.

Vivía en el fuego y en medio de su cuerpo.

Su lengua era el ruso, el alemán, el francés, pero también la lengua de los árboles, la patria del dolor, la pronunciación de la impaciencia.

Escribía cartas e historias de pintores, de escritores. Y versos. Versos como canciones, versos que bailaban más allá de los renglones, más allá de la justicia.

Vivía en el fuego y se le soltaba la lengua.

Se le soltaba la lengua y ya nunca más volvía: lo que decía se iba detrás de cada pregunta, de cada percepción, de cada trueno, de cada algarabía.

Una hija murió en sus brazos, de inanición, de desatino.

Otra hija recuperó sus escrituras y las devolvió al mundo.

Otro hijo recibió la carta donde Marina le contó que se suicidaba.

Amó a los poetas, amó a Napoleón, amó a su marido, amó a todo aquel y a cada quien que le escribía. Amó porque quería amar y ser amada.

Tsvietáieva vivía en el fuego y se ahorcó de verdad. Sin poder apoyar sus piernas. Ni tampoco encontrar sus cartas. Ni llevar consigo sus cuadernos.

Murió. Aunque no debería ser cierto. Porque aún la leo.

La pregunta por la escritura

La cuestión es la escritura. Lo que ya sabemos y lo que no sabemos sobre la escritura. Lo que se da por sentado y lo que nunca se reduce a una lógica previa en la escritura. La escritura en medio de la educación, como si fuera evidente que allí debiese estar, como si jamás fuera lo suficientemente obvio como para que allí permanezca.

Pedir la escritura, enfatizar la importancia de lo escrito, predicar sin demasiados ejemplos a la vista. La escritura compartida. Enseñada. Privilegiada. Escribir y leer se han vuelto acciones tan evidentes, que ya parece no haber margen para seguir pensándolo, para volver a pensarlo: didácticas, buenas prácticas, planes nacionales, bibliotecas, cuadernos, pizarras, computadoras, teléfonos celulares, libros, partes de libros, partes de partes de libros, apuntes, párrafos, letreros, mensajes, etc. De pequeñísimos a grandotes. Desde casi el nacimiento hasta la hora de la despedida.

Todo parece recubrirse de escritura y de lectura. Y sin embargo: ¿se trata de un camino que ya ha perdido su rumbo o de una forma de comunidad que aún persiste?

En términos educativos es difícil, sino imposible, separar cierta moralidad de lo útil, de lo necesario y de lo imprescindible. En términos culturales también lo es. Quizá se trate de adivinar algo de estos tiempos: discernir entre lo actual, la novedad, lo novedoso y lo contemporáneo. En educación parece que siempre vamos detrás de la novedad y lo novedoso; que no coincidimos en definir lo actual —por lo singular, lo contingente, lo rugoso—; y que lo contemporáneo sólo surge como un campo de batallas.

¿Cómo poner la escritura en medio? ¿Qué escrituras? ¿Sólo las aquí y ahora presentes, las breves, las que responden a demandas, las que relacionan la escritura con el trabajo y no con la creación o con la singularidad o con la subjetividad o con la intimidad? ¿Todo escribir es equivalente?

Educar es poner en medio. Entre. Hacer cosas, juntos, entre nosotros y entre otros. Poner la escritura en medio es pensar algo distinto al registro, al archivo, la devolución irrestricta de lo aprendido o la escritura como un código cerrado para la evaluación.

No parece ser interesante sostener apenas una discusión a partir de las imágenes de los copistas medievales, de los escribientes de convento o de los *escribidores* de ocasión. Hay algo más.

¿Pero qué, exactamente?

Escribir como si fuera el fin del mundo

De todas las razones y sinrazones que le asisten a la escritura
—a la escritura que forma parte del cuerpo, no ese artificio del
código suelto y absuelto de toda realidad— aquella de cantar o
de moverse como si se tratara de un gesto pasional, sigue siendo la que mueve al mundo, la que le permite respirar, la que lo
hace hondo y, quién sabe, transmisible.

Es cierto: alguien podría decir: ¿qué necesidad hay de escribir hacia abajo, verticalmente, con tantos espacios en blanco,
con tan pocas palabras, con esas palabras sustantivas, volviendo
y revolviendo la sensibilidad original, la de las primeras cosas?
Alguien podría preguntar: ¿para qué sostener esa voz temblorosa que no hace más que asumir los variados rostros del viento: la
brisa, el silbido, el vuelo, la bruma, la niebla, el aire en los ojos?
Alguien podría argumentar, todavía: ¿es posible revolucionar
la vida, los cuerpos e incluso el lenguaje con la mirada limpia
—oscuramente limpia— de la escritura, de los poemas?

Escribir, quizá, como si se tratara del fin del mundo. Como
si ya no hubiera tiempo, ni palabras, sino un abismo existencial
frente al cual solo cabe la escritura. Es sólo un punto de partida, tal vez apenas una imagen: escribir, quizá, como si ya no
tuviéramos ni tiempo ni mundo. Pero es también una posición
y una forma de exponerse: es en ese límite, en ese abismo, en ese
último resuello donde vale la pena preguntarse sobre la palabra
y sus gestos. La humanidad ha vivido ya varias experiencias *como
si se tratara del fin del mundo.* En ocasiones se ha puesto de
rodillas o, quizá, agazapada. Otras veces ha desplegado ese grito
intraducible y desgarrador del límite. Y también se ha rebelado.

La poesía, así en general, se convierte en una figuración posible de estos tres modos de habitar el *como si se tratara del fin
del mundo*: la poesía como el resguardo de las tempestades, la
poesía como vociferación extrema y la poesía como rebelión.
Lo hace a su modo, claro está: sin pretensiones circenses ni de
dominación, tímida a la vez que voraz, contagiosa como un can-

to que atraviesa las épocas y sostiene un lenguaje que de otro modo sería puro barullo, sonido incomprensible o silencio atroz.

Y es que hay escrituras que se sitúan al borde de los acantilados, escrituras que son como el fuego renaciente, escrituras que se sumergen en el mar, escrituras que se ahogan a sí mismas y escrituras que de tan certeras nos hacen hablar con su ritmo, su potencia y su misterio.

Tomar notas

Escuchar. Tomar notas. Merodear por conversaciones ajenas. Buscar el lenguaje que no es de nadie en particular, de ninguno. Seguir el movimiento de las palabras, acompañarlo. Dejarse envolver por todo aquello que uno no dice ni es dicho para uno.

Escuchar hacia los lados y escribir: un hábito sencillo para eludir el cansancio de las propias palabras, de las explicaciones y las justificaciones; un modo simple de reposar, de callarse por dentro, de no juzgar.

Ser un cazador pacífico de palabras de desconocidos. Cerrar los ojos y que los oídos sean capaces de descartar lo que es apenas gracioso, frases de cortesía, automatismos amorosos, meras discusiones de negocio o de dinero, etcétera, y concentrarse en la debilidad de lo humano, su fragilidad: las conversaciones de los ancianos, las confesiones casi secretas, los diálogos desiguales, la revelación extrema del amor y del dolor, los gestos de desamparo, las sorpresas, lo que está a punto de ser palabra y no logra serlo, la duración de la mirada, el sueño no revelado, la traducción de la oscuridad y la opacidad.

Ser discreto: no se trata de secuestrar intimidades ajenas. Lo que hay que hacer es buscar, en verdad, aquello que no se tiene, lo que no se puede, lo que no se es: palabras renacidas, palabras frescas, modos de ver el mundo de los que ya no somos capaces, la trama del lenguaje en su diseminación por las calles, las ventanas, los pasillos, el aire libre.

No es un gesto impúdico, sino una ilusión de complicidad con el universo. Como si escuchando se pudiesen anudar los sonidos desperdigados de la lengua, como si se quisiera armonizar ese hablar desordenado y simultáneo para darle una propiedad musical, una suerte de pentagrama.

Ir al encuentro de la lengua anónima que es, también, una escritura nómada:

> *¿Quién escribe en los muros? / ¿Quién inventa los chistes? / ¿Quién sella los refranes? / Es un puro regalo que todos nos hacemos / esa escritura nómada, anónima, interior, que todos entendemos / Una ciudad sin ella no es nada, está bien muerta, el exterior la come, ya no se vive a sí, ya no es capaz de dar un nombre* (Morábito, 2001: 12).

Más que la irritación, la decepción o lo ominoso de lo dicho, habría que dar lugar a la ternura, esa ternura que va desapareciendo poco a poco de la tierra, esa ternura que se diluye por la rapidez de los encuentros, la inmediatez de los deseos y la pérdida irremediable de la infancia.

Escuchar no para saber, sino para olvidar lo abominable.

Escuchar no para entender, sino para perder de vista lo execrable.

Escuchar, porque es necesario recibir las verdades que otros desconocidos pudieran darnos.

Escuchar. Y, así, callarse. Y, así, no juzgar.

Escuchar: desear el dictado del mundo.

La escritura destruida

Escribe Marlen Haushofer:

> *Un día, también habré dejado de sentir el leve pesar que esto me causa, e incluso habré olvidado lo que fue el asomo de un recuerdo. Y creo que es eso lo que me atemoriza. No hay nada más horrible que el olvido. Puedo imaginar cómo las líneas que hoy escribo harán revivir*

> *alguna vez todo esto, este día de septiembre con el hálito de un recuerdo al fondo. Pero dudo que un muerto pueda hacer despertar a la vida algo que está muerto* (2003: 17).

Hay veces que las palabras son destruidas por las amnesias, las desapariciones, por la indiferencia o incluso por la propia decisión de quien escribe. Ser un lector tendrá que ver con sostener lo que otros han escrito: darle tiempo, lugar, respiración. Y si bien el tiempo hace estragos, es en el presente, en este presente, donde todavía puede haber vida para la escritura.

Los argumentos del futuro del escribir y del leer se han desvanecido o ya no existen. La promesa de que la escritura y la lectura nos harán mejores —en el sentido más oscuro de lo *mejor*— parece no tomar cuerpo en ningún cuerpo. Y es que sólo cuando se escribe y se lee, en ese preciso instante en que las hojas permanecen tensas y temblorosas, es que hay escritura y lectura.

La cuestión de la escritura, la lectura y la memoria no es un problema técnico, ni siquiera un problema de conocimiento: se trata de un dilema quizá moral. Sé que esta última palabra parece desusada, anacrónica, casi la última sobreviviente de un humanismo en extinción. Pero justamente es ella la que marca, la que define, la que incorpora esa relación tan íntima de quien escribe con su escritura. Hablo aquí de una moral corpórea, que no se resuelve apenas con el ejercicio o con la práctica, que no tiene que ver sólo con las formas en que hoy se resuelven o se discuten las grandes cuestiones de lo humano y lo educativo.

Para recordar lo escrito hay que dar la lectura. Y para ello habría que ponerse a pensar tanto en lo que está disponible como en aquello que ya no está, es decir, recuperar las palabras perdidas, abandonadas a su propia suerte, desestimadas en nombre del progreso, de la razón; esas palabras, esos textos, que el tiempo ha querido borrar, disimular, abandonar, olvidar.

Se trata del lenguaje y la memoria, pero también se trata de la pérdida del lenguaje y de la memoria. Y de las posibilidades de restitución, de recuperar algo de aquello que alguna vez fue nuestro. De intentar dar a quien padece el recuerdo de su propia lengua ahora casi perdida.

Hay quienes están entre niños, jóvenes y adultos que han perdido su escritura o nunca la han conquistado o entre quienes utilizan una escritura que otros subestiman o desprecian o, simplemente, ignoran. O entre aquellos que no la aprenden como *Dios manda*. Pues bien:

> *No es la "facilidad" en el aprender —el hecho de que sea habitual hacerlo— lo que justifica un pensamiento sobre educación, sino la experiencia de su dificultad. De modo específico, se trata de una reflexión que toma como punto de apoyo y raíz de su argumento la experiencia humana, no de la normalidad, sino la de la excepcionalidad, entendida como experiencia de lo frágil y de lo vulnerable* (Bárcena, 2012: 13).

Entre todas las razones del escribir y del leer, ciertas o inciertas, útiles o inútiles, posibles o imposibles, aquellas que tienen que ver con los cuerpos deshechos, destruidos, despreciados, conmueven particularmente: recordar lo perdido, lo cruelmente abandonado, lo que se extingue y desaparece; poner de relieve lo que parece hundirse; escribir con la mirada de quienes se dice que no hablan o que aprenden, a partir de su propia y singular experiencia. Allí donde lo que permanece tal vez no sea el lenguaje metódico ni el aprendizaje ortodoxo, pero sí una absoluta vitalidad, tal como escribió de un modo sobrecogedor Tomas Transtömer, refiriéndose a su propio lenguaje dañado, en este fragmento:

> *Entonces llega el derrame cerebral: parálisis en el lado derecho/ con afasia, solo comprende frases cortas, / dice palabras inadecuadas. / Así no alcanzan ni el ascenso ni la condena. / Pero la música permanece, sigue componiendo en su propio / estilo* (Transtömer, 2010: 68).

Escribir, indicar, mostrar la finitud, tocar la imposibilidad, balbucear, hacer la experiencia de lo frágil y lo vulnerable.

Una escritura que se rebela y se retuerce para seguir andando.

Deseando que algún día alguien la escriba. Alguien la lea.

Escribir, escribiendo

¿Qué es, qué podría ser: escribiendo?

Se trata de una pregunta del todo diferente a aquella de: ¿qué es escribir?, y también de aquella de: ¿qué es la escritura? Sobre esas dos últimas apariencias de la pregunta ya tenemos suficiente información, aún cuando sea ambigua y contradictoria y debamos distinguir, todavía, entre la racionalidad pedagógica y la racionalidad literaria.

Me parece que hay que preguntarse por la escritura a través de algunas prácticas, pero acentuando ese *escribiendo* como único tiempo posible, en el instante en que ocurre, en su duración: ¿qué puede significar *escribiendo*, qué es estar escribiendo, para estudiantes y profesores, escritores, escribientes, copistas y demás figuras que giran en torno de ella, en medio de prácticas de transmisión de saberes, valores, conocimientos, materias, currículo?

No hay nada claro al respecto. Lo que sabemos es que se pide la escritura, que la escritura proviene por lo general de un pedido. Un pedido ya sea para relatar lo propio como para responder por un texto ajeno; un pedido ya sea para comentar o para definir; ya sea para elaborar como para puntualizar.

No puede dejar de sorprendernos, aún en su aparente habitualidad, esa relación entre escritura y petición. Por varios motivos: en principio porque ello sugiere que lo escrito tiene sólo un valor de respuesta; enseguida, porque me da la sensación de que —de ser en efecto una respuesta o de tener apenas esa propiedad— no sabemos a qué con exactitud —¿a una pregunta escrita, o un texto leído, a un saber entregado, a una información solicitada, a una necesidad de completar una tarde, al puro y fresco deseo de que alguien se exprese con *propiedad?*; y por último: porque si la escritura fuese reducida a un mecanismo de intercambio estrecho, quedaría confinada al ejercicio de su corrección o de su adecuación y, por lo tanto, a la lógica de lo que es apropiado o inapropiado.

La escritura es petición, sí, pero también es reflejo del dominio o no, de la capacidad o no, de la diversidad o no, de las prácticas de escritura. En este sentido: ¿cómo valorar lo que se ha pedido? No queda más remedio, pareciera, que someterlo todo a la ecuación de lo mal o bien escrito, de lo correcto o incorrecto: el zoológico de los que cometen errores y la jauría de los que están al acecho para la corrección. ¿Pero dónde estaba y está, donde había quedado y permanece, qué era y es lo que se ofrece, lo que se da y no tanto lo que se peticiona y evalúa?

La escritura como petición se transforma en uno de los argumentos de autoridad más ambiguos y traicioneros. No crea un problema con la escritura sino con la autoridad. Como escribe Charles Dantzig:

> *Siempre he tenido un problema con la autoridad. Aún ahora, nada me indigna más que eso que se llama argumentos de autoridad, que consisten como es sabido en invocar una supuesta autoridad para acallar las preguntas. Se oponen al razonamiento, al maravilloso razonamiento, maravilloso porque se basa en la confianza. Los argumentos de autoridad se basan en el desprecio. Mi desconfianza en la autoridad tenía por contrapeso a la casi mágica confianza en lo escrito. Una frase, según el bárbaro en miniatura que era yo, sería una llave* (Dantzig, 2011: 10).

La escritura es petición, la escritura es constatación, pero también es la sombra o el contorno o la superficie de aquello que se ha entregado. Esa escritura pedida y evaluada no habla tanto de la escritura en sí como de la enseñanza, lo que hace tomar a este análisis una dirección completamente diferente. Es verdad que puedo comenzar por los textos escritos por los demás: compadecerme, incomodarme, asustarme, dar por sentada que así es, irremediablemente, la producción de esta época.

Lo que deberíamos hacer, me parece, es no omitirnos. No omitirnos del punto de partida: el modo en que nos relacionamos nosotros mismos con la lectura y la escritura. Pero: ¿en qué consistiría esa omisión? En verdad son muchas omisiones, ninguna de las cuales debe entenderse como acusación sin motivos: nuestra lectura cada vez más escasa, cada vez menos literaria y más mediática; los pactos cotidianos en torno a la brevedad y la fragmentación o reducción de los textos que se ponen juego en las prácticas institucionales; el desprecio por la escritura creativa, ensayada, libre de espíritu; la naturalización artificiosa que supone que buscar es ir hacia los motores de búsqueda; el destierro de las bibliotecas en los confines de los espacios escolares; y, lo que me parece más decisivo y más trágico: cierta destrucción del pasado.

No quisiera apenas sobrevolar por estas cuestiones. Renegamos de los otros porque no escriben, o porque no escriben con sus propias palabras, o porque no se sueltan, porque no escriben de un modo *soberano*, no tejen su propio discurso o el discurso resultante nos resulta incomprensible. Pero: ¿cómo sería posible hacerlo? ¿Qué permitiría a otros escribir algo que valiera la pena, que les valiera la pena?

Escribir como escuchar

Enseñar la escritura es mostrar la escritura, es verla, revelarla, entregarse a una gestualidad que no reconoce principio, duración, final. La escritura se enseña en la escritura, durante la escritura. Más allá de los métodos, las prácticas, la persistente voluntad o la tentación del desistir, escribir no encuentra una trayectoria lisa, despojada de laberintos, ni una secuencia que admita progresión o culminación: la escritura es ese misterio que permanece escribiéndose a sí misma.

En *La palabra heredada*, Eudora Welty (2012) –escritora a la que se ha comparado con William Faulkner en el espacio de la literatura norteamericana del siglo XX– propone un hondo ejercicio de la memoria: ¿de dónde provienen los primeros sonidos, las primeras lecturas, la relación con lo visto? ¿Qué es lo que hace posible la escritura como inicio de una acción cuyo desenlace se ignora? ¿Cómo se conjugan las experiencias de escuchar y atesorar las palabras, de ser leído y, tal vez, escribir, de mirar hacia lo mínimo, hacia lo que no lleva nombre y nombrarlo una y otra vez?

Nadie sabe cómo se aprende, cómo es posible retener para sí la propiedad de la lengua, qué trayectorias o travesías se vuelven aciertos o desaciertos en la elección de una palabra, una cadencia, una descripción. Ocurre que todo sucede *al revés*, quizá como recuerdo y no como propagación de una idea, tal vez como un fragmento de una memoria claroscura y no como una intención de voluntad; sucede, quién sabe, con la percepción ulterior de lo imperceptible, y aun así no siempre, no seguramente, no definitivamente.

Welty recuerda, por ejemplo, los vestigios poderosos del escuchar durante su infancia: escuchar las canciones que silbaban sus padres a través de la escalera de su casa —su madre en la planta baja, su padre en el cuarto de baño—; escuchar a su madre cantando día y noche; escuchar la primera vez en que le fue ofrecida la lectura: *"Desde la primera vez que me leyeron, y desde que empecé a leer por mí misma, jamás ha existido un solo renglón que no haya oído"* (Welty, 2012: 32).

Escuchar: todo pensamiento nace en otro sitio, en otra soledad, en otra persona. La noche no puede ordenarse a voluntad, ni tampoco los ríos recorren los sitios que deseamos. Una idea cualquiera se sostiene por la fuerza brutal de lo que no tocamos ni miramos, por la banalidad de creer en lo que apenas está frente nuestro o por toda la desidia que se vuelve indiferente a las palabras. ¿Qué pensar, cómo hacerlo cuando uno no va hacia las palabras, sino palabras hacia uno? Escuchar a partir del anuncio de un abismo: lo que creíamos antes no eran más que muletas que se derrumban al caminar. Escuchar como fragilidad: el sentir es primero. Escuchar como temblor de la lengua: uno debería callarse si quisiéramos que algo ocurra.

Recuerda, además, el fino y sinuoso aprendizaje de su mirada: el ver en el sentido de aprender a comprender o, mejor aun, de darse cuenta; aprender a dudar, a percibir la diferencia entre las luces y los volúmenes, las superficies y las tinieblas, la candidez del día y la abrumadora insensatez de la noche.

Mirar: hacer de cuenta que es posible acariciar las rarezas, tocar la parte más esquiva del sol, o la curva del relámpago, o la transparencia de los lados de la lluvia. Mirar con prudencia, para que el tiempo se lleve su propia soledad. Mirar con estupor: como si el deseo estuviera encendido desde antes. Mirar con ternura: como si no hubiera más que infancia. Mirar con sencillez: lo mirado no precisa ser nombrado ni arrastrado. Mirar como acompañar un cuerpo aún indeciso. Mirar para afirmar lo presente, lo que permanece ni muy lejos ni muy cerca: mirar enredado al alrededor. Mirar como lo opuesto de escaparse. Mirar como escuchar.

Recuerda, en fin, el encuentro con la voz, con su propia voz: la emergencia del relato, el descubrimiento de lo decible, la ilógica de las secuencias entramadas con los hechos, la pasión por contar: *"La voz reestablece allí la corporalidad, la gestualidad en el modo de significar. El discurso ya no es allí una elección en la lengua, u operadores lógicos, sino la actividad de un hombre que realmente está hablando"* (Meschonnic, 2007: 148).

Encontrar la propia voz: descubrir el propio paso, el propio peso y la propia liviandad, la breve y fugaz medida de los átomos, las circunferencias y las páginas escritas o todavía blancas. Quitarse de uno, de lo que yo se es, de lo que yo se sabe: lo idéntico a sí mismo no provoca sino necedad y hartazgo. Irse al mundo: a las tumbas de los poetas, a los cielos próximos, al pasado menos reciente, a la duración de lo frágil, a los gestos que todavía están inmóviles. La voz como una retirada: irse lejos de casa, lejos de todo punto de partida. La voz como respiración: nada se dice en el ahogo. La voz como la huida de la apatía, la tiranía, el vozarrón. La propia voz como el regreso a ese sitio nuestro donde nunca estuvimos antes.

Escuchar, aprender a ver, encontrar una voz: tal la irrepetible secuencia, el sostenido desorden en que la escritura ha encontrado un lugar donde extenderse, hacerse materia, y luego, si fuera el caso, darse a leer: *"En primer lugar, hay que escribir, naturalmente. Luego, hay que seguir escribiendo. Incluso cuando no le interese a nadie, incluso cuando tenemos la impresión de que nunca interesará a nadie. Incluso cuando los manuscritos se acumulan en los cajones y los olvidamos para escribir otros"* (Kristof, 2006: 67).

La escritura en sus propias palabras

Escribir podría significar contar experiencias propias con palabras propias. Pero no parece que sean buenos tiempos para ello, es decir, no existe la certeza –como sí se tenía, quizá, unas décadas atrás– de que la escritura sea el modo evidente y eficaz para ese propósito. Aquellos que transitamos por la vida académica somos reprimidos fuertemente al *escribir nuestras propias experiencias* –en lugar de investigar o estudiar la realidad de otros– *en nuestras propias palabras* –en lugar de adecuarnos a las palabras en boga–.

El discutible modelo de la escritura academicista se ha instalado vertical y transversalmente en el mundo educativo como si hubiera algún provecho decisivo en ello. Ensayar, narrar o contar no parecen ser registros amigables en los días que corren. Por lo tanto no podemos decir que la petición sea razonable o, ni siquiera asequible, cuando la atmósfera en la que se espera que algo ocurra con la escritura y con la lectura se ha vuelto al menos turbia o, directamente, asfixiante.

Si no se trata sólo de escribir lo que nos pasa con nuestras propias palabras, habrá que ir en la búsqueda de otras experiencias y de otras palabras. Pero eso es literatura, me dirán. Y yo responderé que sí, sin dudas. Pero no sólo. En la petición por escribir no caben muchas más opciones: o se trata de un pedido arraigado en tradiciones y racionalidades pedagógicas o, por clara oposición, el pedido es literario, esto es: tocar el límite del lenguaje, tocar sus formas, enclavar la metáfora, la imagen, dar vueltas alrededor de los instantes para que duren más allá de lo posible.

En la escritura hay ausencias y presencias: la ausencia del escritor y la presencia del lector; ausencia del escritor que ya ha dejado la marca de sus trazos y presencia del lector que, en ese instante, comienza su intención de descifrarlos, de hacerlos propios, de transformarlos y, entonces, de abandonarse en sus propios rastros de lectura.

Pero: ¿qué es lo que está ausente y qué es lo que se vuelve presente en la escritura? No se trata sólo de una ficción que se opone a aquello que es *real* y lo simula, lo disfraza, lo evita, sino más bien una provocación creada por la falta de demarcación entre lo que hay y no hay, lo que conmueve tanto por lo que se hace presente como por aquello que se escapa. La ausencia y la presencia de la alteridad.

Sin el otro, la escritura está despojada de alteridad. Y despojada de alteridad no hay escritura. La escritura es un acto propositivo que vuelve hacia el otro para que se complete su ficción, aun en lo incompleto de la lengua. La palabra de uno no acaba por delinearse hasta que sobreviene la palabra del otro: *"Escribir es un acto que desborda a la obra (…) escribir es dejar que otros cierren por sí mismos la propia palabra de uno, y el escribir no es más que una **proposición** de la que nunca se sabe la respuesta"* (Barthes, 2003: 376).

¿Y qué es el desbordarse más allá y más acá de lo escrito, sino la inauguración de unas presencias hasta aquí ausentes, de presencias que llaman a lo ausente, de presencias que intentan traducir las ausencias? El escritor no cierra la palabra sino que da la posibilidad al otro de cerrarla.

Ya mucho se ha escrito acerca de cómo el lenguaje asume la apariencia de lo ausente. O más aun: de cómo el lenguaje torna presente aquello que estaba ausente. O bien: cómo el lenguaje rescata lo ausente de su intraducibilidad y lo vuelve menos opaco, menos difuso. Por eso vale la pena preguntarse cómo es que el lenguaje hace posible una ausencia y cómo hace posible, también, una presencia.

Esta es la doble imposibilidad del lenguaje. Y es, también, su doble potencia.

Escritura como extrañamiento

Sin extrañamiento, sin perplejidad y, en cierto modo, sin el desvanecimiento del *yo* no sería posible pensar, ni sentir, ni tocar la escritura.

Tener dominio del lenguaje no deja de ser una ilusión, una creencia, pero también una traición hacia uno mismo. ¿Qué anima a la escritura? ¿Qué origina el gesto del escribir sino esa extraña necesidad de traducir como se pueda aquello que excede a la razón, lo que provoca zozobra, lo que desborda, lo que se ignora y se seguirá ignorando?

Lo ajeno, lo otro, es también la distancia necesaria para que algo ocurra: si todo fuera interioridad, si todo tuviera ver con lo que forma parte de uno y es su reino, si cada escritura procede de una voz íntima, certera y confesional: ¿dónde está la extrañeza de lo diferente, de lo que no se repite, de lo que es contingente? ¿Cómo sería posible escribir sin sentir de verdad que es posible mirar, como decía Pessoa, como si fuera por primera vez?

Mirar, pensar, sentir, leer, escribir como si fuera por primera vez. Se trata de ignorar lo que tan mal se ha aprendido sobre la razón de lo escrito, su mísera argumentación, la creencia de que algo deba ser necesariamente escrito pues hay otro que lo espera con impaciencia.

Escribir sería no sentir a priori que alguien espera que algo le sea dicho y, mucho menos aun, que seamos nosotros quienes lo escribamos. Tampoco es cuestión de pensar que hay que hacer transparente el mundo para que otros lo comprendan. Carecer de esa vitalidad impune: a nosotros la explicación, a ellos la comprensión. No asumir como propia ninguna noción de posible *misión* para la enseñanza, la lectura, la escritura.

Pero no dejar de pensar que el mundo ocurre entre brumas y que estamos siempre expuestos en una desnudez extrema. Lo que nos desborda es lo incomprensible y el lugar de fragilidad es el sitio donde nos encontramos.

Escribir, por ejemplo:

> *Nadie me ha pedido estas palabras. Lo que dicen no proviene ni de un rostro, ni de un recuerdo confundido por el tiempo, ni de ninguna herida expuesta. Se escriben porque sí, porque existe el mientras tanto, porque hay cosas que no son ni están dentro o fuera; son como ese llanto o esa risa que no viene a cuento de nada; hábitos como señuelos de la soledad o como imágenes que se quedaron huérfanas. Hay palabras que se arrojan al aire, palabras que se amarran al suelo y otras que no dicen nada. Sin embargo, alguien podría suponer que son estas las palabras que esperaba, lo que es completamente cierto. Como si llegaran de otro sitio, de otra época. Como si no tuvieran destino, pero sí destinatarios. Palabras que al leerlas crean, entonces, una curiosa memoria nuestra: los trazos de los nombres y de los pájaros, la infancia que se esconde para no ser descubierta, un día entero entre tus ojos, los abuelos que por la noche regresan. Hay palabras que no son preguntas, ni dudas, ni respuestas. A nadie, a ninguno las escribo. A nadie, a ninguno, se le dirá qué hay que hacer, cómo soñar, de qué lado del sol o de la montaña está su mundo. Porque de cada uno es el silencio. Y de cualquiera podrían ser estas palabras* (Skliar, 2014).

Cómo llegar a la escritura

Si de verdad buscamos respuestas a la pregunta de por qué escribir, hay allí un duelo sin cartel que se debate entre las razones pedagógicas y las razones literarias. Ya no basta con decir que escribir es importante para el mañana, que escribir sirve para el futuro, que escribir sirve para el trabajo o para la continuidad en el estudio, que escribir garantiza una u otra posición de privilegio. *Escribiendo* es en presente, no en futuro.

Las razones del escribir están expuestas desde el inicio mismo de la escolarización y la literatura. De un lado, una apuesta por la civilización, la pertenencia cultural, la utilidad, el emblema del sujeto libre, el dominio de la lengua, la identidad, la evaluación, los dispositivos cognitivos, las habilidades, las competencias, el ejercicio, etcétera. De otro lado, la dificultad en soportar el mundo y soportarse, la experiencia del límite, de lo indecible, el enojo con la vida y con lo humano, la agonía de la muerte, la desesperación por decir algo, la rebelión y la desobediencia del lenguaje, la trágica oscuridad, la necesidad de alterar la realidad para poder sobrevivir, etcétera.

Escribir *escribiendo*, sí. Pero: ¿por qué? ¿Y quién responde?

Las pedagogías más formales de la escritura tienden hacia una argumentación utilitaria y sus didácticas son modos de convencer a alguien o a todos para que escriban en el marco de un saber ya preestablecido respecto del funcionamiento de la lengua y del texto. Otras pedagogías, quizá más recreativas, abusan de un expresionismo sin fin donde, además, no se avizora ninguna lectura a su alrededor. En ciertos casos la escritura no aparece sino como la contrapartida diagnóstica de una enseñanza previa o como una manera de registro que desaparecerá al día siguiente. En otros casos, es un medio entre el conocimiento anterior, precario, y el conocimiento sucesivo, superior. A veces sobreviene el juego de lo escrito, pero apenas como una suerte de desgano ante la impotencia de no saber cómo dejar la escritura librada a su propia suerte. Otras veces ocurre como prótesis de una comunicación que, en buena parte de los casos, podría resolverse por otros medios.

La argumentación literaria de la escritura no está fuera de ella, no es exterioridad, sino intimidad, una intimidad que puede encontrarse en la revelación misma presente en los textos de los escritores; para dar algunos pocos ejemplos de una lista interminable: se escribe, se está escribiendo porque se quiere defender la soledad en la que se está (por ejemplo, Zambrano, Duras); porque de otro modo el mundo sería lo que es: insoportable (Pamuk); porque es la única invención que sirve para distraernos de la muerte (Elytis); para que el agua envenenada pueda beberse (Maillard); para intentar reparar una desgarradura (Pizarnik); para no dejarse sorprender jamás por el abismo (Cisoux); para saber escribir, porque nunca se sabe escribir (Banville, Neuman); para disimular la incapacidad de hacer otras cosas o por no querer hacer ninguna otra cosa o para no trabajar como oficinista (Vila-Matas); para ponerse del lado de quienes sufren la historia y no de quienes la hacen (Camus); para no comprender y sí para incorporar (Barros); para seguir siendo uno mismo, pero no escribiendo lo mismo (Bernhard); o bien para hacer perdurar el instante (Szymborska, González), etcétera.

Sabemos de la existencia de didácticas que dan cuenta de sus razones pedagógicas y que hacen escribir porque hay que hacerlo o porque es importante para mañana o porque sin la escritura nadie será nada.

¿Pero es posible, entonces, tan siquiera imaginar unas didácticas de la escritura cuyo epicentro se encuentre inexorablemente en la muerte, en la última palabra, en el enfado, en la dificultad por soportar al mundo, en la resistencia, la alteración de lo real, en la soledad, en la desesperación?

La pregunta sigue siendo la misma frente a cada persona nueva, desconocida, anónima o diferente a la que pretendemos ofrecer la escritura. Esa pregunta no es: ¿qué es la escritura?, sino más bien: ¿cómo llegamos a ella? Y no se trata de buenas razones fundadas en las virtudes de testimonios nobles que dan cuenta de cómo ahora saben algo que antes no sabían. Es cuestión, más bien, de poder leerlo allí donde la escritura no es código o sistema, sino atravesamiento, encarnadura. Por ejemplo:

> *¿Cómo llegué a la escritura? ¿No hubiera sido necesario tener primero "las buenas razones" para escribir? ¿Las misteriosas, para mí, esas que le dan a una el "derecho" para escribir? Yo no las conocía. Sólo tenía la "mala"*

> *razón, era una pasión, algo inconfesable –e inquietante–,
> uno de esos rasgos de la violencia que me molestaba. No
> "quería" escribir. ¿Cómo habría podido "quererlo"? Ra-
> zón, no había ninguna. Había algo de locura. Algo de
> escritura en el aire a mi alrededor. Siempre próxima,
> siempre embriagadora, invisible, inaccesible. ¡Escribir me
> atraviesa! Me ocurría de repente. Un día estaba acosada,
> asediada, tomada. Me tomaba. Estaba sobrecogida. ¿De
> dónde? No sabía nada. Nunca lo supe. En una región
> del cuerpo. No sé dónde está. "Escribir" me atrapaba,
> me agarraba cerca del diafragma, entre el vientre y el
> pecho, un soplo dilataba mis pulmones y dejaba de res-
> pirar* (Cisoux, 2006: 7-8).

No ir a la escritura, entonces, sino llegar a ella. Dejando de lado las buenas razones que asisten a las buenas –y falsas– conciencias; no olvidando nunca de las malas razones, porfiadas e inevitables, que anuncian la escritura en el estremecimiento, en el temblor, en la sacudida, en el sobrecogimiento, en lo inconfesable.

Más acá y más allá del texto –que siempre será incompleto, que necesitará de lectores, sobre el que nunca habrá que darse por satisfecho– escribir es como haber llegado al medio de nuestro propio cuerpo.

Escritura del instante

¿Es posible que lo poético sea el origen y de paso el conocimiento? Tradicionalmente la idea de conocer supone el movimiento de la razón, la posibilidad de reconocer el objeto y la apreciación conjunta de la moral y lo cognitivo.

Cuando Platón en *La República* –particularmente en el Libro X– piensa en la poesía no deja de pensar también en el necesario ordenamiento de la *pólis* y en la educación. En ese sentido, el dominio de las emociones lo es todo. Si una idea es, constitutivamente, la transparencia entre el conocimiento y su representación, lo poético se transforma en un nocivo equívoco: sacude lo inferior del alma, la confina a la distracción y a la pérdida del orden. La poesía, así, reúne pésimas cualidades: es dañina, irracional, suscita emociones ambivalentes, no tiene ley, encierra un peligro para los ciudadanos.

Pero –y siguiendo aquí a Mársico (1998: 54)–: ¿Cómo sería posible conciliar ese recelo de Platón por una República virtuosa, esa desconfianza sobre lo poético que al mismo tiempo sugiere abandonar, dejar de lado, prescribir o prohibir lo bello, lo estético, en fin, el arte? ¿No habría que pensar algo más allá que una simple contradicción o una omisión o un desliz entre *La República* y, por ejemplo, *El Banquete*?

Quizá sea Diotima quien ofrezca la respuesta. Hay un trecho en *El Banquete* en el que se dirige a Sócrates para introducirlo en el discurso erótico del amor, en el entramado ascendente de la belleza. Y lo hace como si se tratara de una travesía educativa, es decir, sugiriendo que ese recorrido por el amor necesitará de otro para ser cumplido:

> *He aquí, pues, el recto método de abordar las cuestiones eróticas o de ser conducido por otro: empezar por las cosas bellas de este mundo teniendo como fin esa belleza en cuestión y, valiéndose de ellas como escalas, ir ascendiendo constantemente, yendo de un solo cuerpo a dos y de dos a todos los cuerpos bellos y de los cuerpos bellos a las bellas normas de conducta, y de las normas de conducta a las bellas ciencias, hasta terminar, partiendo de éstas, en esa ciencia de antes, que no es ciencia de otra cosa sino de la belleza absoluta, y llegar a conocer, por último, lo que es la belleza en sí* (Platón, 2006: 73-74).

Después del desacuerdo de Platón –sobre si la poesía es o no es conocimiento, si la poesía es o no es fuente del conocer, sobre si los poetas deben o no deben pertenecer a la ciudad o ser expulsados de ella– mucha filosofía y mucha poesía ha pasado delante de nuestros ojos y de nuestra lectura.

María Zambrano, en *Filosofía y poesía* (1993), sugiere que una de las diferencias entre el filósofo y el poeta radica en la duración del asombro. ¿Qué hacen los filósofos y los poetas con esa duración del asombro o, incluso, con la duración del instante?

Cualquier respuesta sería de una generalidad impropia. Pero algo hay allí que podríamos pensar: la tarea de la filosofía —salvo excepciones muy nítidas— resulta de no permanecer demasiado tiempo ni en el asombro ni en el instante y buscar más bien la ley o su regularidad o su estructura o su posible formulación conceptual. Como si su función consistiera en completar el instante y reducir la multiplicidad en una unidad legible —a contracorriente de Deleuze o Lévinas o Derrida, para mencionar solo los más conocidos—; como si se obligara a quitarse de las apariencias; como si necesitara sostener el discurso atento frente a los relámpagos y los estallidos del mundo.

Quizá si hubiera alguna tarea en la poesía ella sería la de insistir con el instante, permanecer allí aún enceguecido, desorientado, casi sin palabras. Todo lo que quisiera un poeta es que el instante permaneciera y durase. Y sobran los ejemplos.

Así lo escribe, por ejemplo, Wislawa Szymborska (2010): *"Evidentemente exijo demasiado: tanto como un segundo"*. O en este otro fragmento suyo: *"Hasta donde alcanza la vista, aquí reina el instante / Uno de esos terrenales instantes / a los que se pide que duren"*.

O como en el siguiente poema de Teresa Taffarel (2007: 12): *"Escribir el instante / que no es poco. / Inventarlo, intentarlo con palabras indóciles. / Acomodar los signos en desacuerdo con el día. / Saber un poco más o un poco menos. / Y adivinar que mañana / habrá otro borrador indescifrable"*.

O en la escritura de Ángel González (2008: 43): *"Lo que queda / tan poco ya /sería suficiente si durase"*.

O, también, en el siguiente fragmento del poema de Philippe Jaccottet (2006: 41-42): *"Habitaré sin temblar tanto las fortalezas de arena, / pues ya sólo deseo algo inalcanzable, / esa palabra dicha en un soplo a la boca que espera / y esa bruma un instante tan sólo en el astro de ojos ardientes"*.

Sostener la dualidad entre conocimiento y poética –entre teoría y poesía–:

> *Muestra una doble ignorancia. De la poesía. De la teoría. Como si la poesía fuese lo concreto, que sería fácil. La teoría, lo abstracto, difícil. Doble clisé y astucia de la razón del signo (...) La poesía fácil, lo pasado de moda, enunciaría sentimientos. La difícil, lo moderno, sería exploración del lenguaje, búsqueda formal* (Meschonnic, 2007: 141).

Dejar, de una vez, de sostener las dualidades. Dejarlas caer, vencerse, quebrarse, dar paso al conocimiento que es sensación, que es percepción, que es poesía, que es acontecimiento, que es contingencia, que es deseo: que es lenguaje.

La escritura *en alta voz*

Uno de los últimos libros de Chantal Maillard, *Bélgica* (2011), habla de viajes, de travesías, trayectos e itinerarios. Se dice allí que hay viajes que pueden ser contados y otros que no. De algún modo, como lector, puedo apreciar que para Maillard la escritura encuentra una condición propia, un estado particular o una contingencia específica durante las travesías.

A veces las travesías son inauguraciones de mundos que no conocíamos y que sin desear conocerlos –conocer, en el sentido más pauperizado y más occidental del término– los atravesamos y nos atraviesan; otras veces, tienen que ver con regresos, partículas de atmósferas que parece que sólo podemos recuperar con la escritura.

La escritura de *Bélgica* es un relato de ambas cosas: ir hacia lo que se ignora y regresar a un sitio que ya se desconoce. La escritura que se mueve, porque si se queda quieta es posible que no apunte sino a un sí mismo replegado, casi inerte. Quizá todo ello devuelva a la escritura su germen, su inicio: el movimiento o, mejor aun, el gesto.

En ese retornar y revenir hay un fragmento de *Bélgica* que me conmueve particularmente y que quizá sea uno de esos motivos que tiene en vilo a una parte de la humanidad —sobre todo a aquella que se pregunta una y otra vez por el pasado, una y otra vez por la transmisión, una y otra vez por cómo hemos llegado a ser lo que somos— y por los que vale la pena vivir: la herencia. No la tradición entendida como un arcón cerrado y sin llaves a la vista, sino la percepción de que viajar hacia adelante sugiere en algún momento un encuentro con lo que pasó pero que no es pasado.

Regresar, con dudas, con temblores, a lo que es anterior a nosotros y que, por lo tanto, nos excede, es mayúsculo. El fragmento en cuestión dice: *"Después de mucho dudarlo, finalmente acepté la herencia del abuelo. Al fin y al cabo, era mi historia, y la única prueba que me quedaba de haberla tenido"* (Maillard, 2011: 161).

Aceptar la herencia parece ser un gesto afirmativo. Y lo es, sin dudas. Si hay algo que no comprendemos de este mundo es su desgarramiento casi abismal respecto de las huellas que crearon otros lugares por donde transitar. Aceptar la herencia podría querer decir: no quiero ni puedo olvidarme ni de lo otro, ni de mí en lo otro.

Tener una historia y regresar a ella. Darse cuenta de que tal vez al volver queden esos sitios de la infancia —o de la memoria de la infancia— donde uno ya no está, ya no es. Así lo escribe Maillard: *"He de irme. Ahora sé que no hay retorno. El lugar sigue estando, sigue siendo idéntico a sí mismo, pero yo no"* (ibídem: 218). Esta es una forma de viaje: la de regresar y saber que ya no se puede retornar. La diferencia abre un matiz sensible y perceptivo. Como si hubiera un nuevo vacío, ahora habitado por el pasado, como si el paisaje de la herencia tuviera presencias y ausencias y como si escribir no fuera otra cosa que quedar desnudo en medio. Y, quizá también por ello mismo, la tentación de dejar de escribir; de no fijar las palabras pues siempre se mueven a los lados: *"Hay una lentitud que permite estar en perfecta unión con lo vivido, ése es el tiempo de la infancia. Pero, a golpes apresurados de lanzadera, tejemos el tiempo de los calendarios"* (ibídem: 247).

Regreso. Retorno. Revenir. ¿Dónde se encuentra la escritura, dónde buscarla, si no es en la batalla entre el tiempo de la infancia y el tiempo de los calendarios? ¿Y cómo no sentirse derrotados o, por lo menos, cansados intensamente?

La escritura no es la cuestión primordial, de acuerdo. Tampoco es el objetivo. ¿Es necesaria una teoría de la escritura, o bien: una escritura sobre la escritura? Escribir, por ejemplo como lo hace Maillard en su poema *Escribir*: *"Sin hacer concesiones (...) con palabras pequeñas (...) para curar con la carne abierta (...) ¿para consentir? (...) para poder decir tan sólo lo que cuenta (...) para que el agua envenenada pueda beberse"* (Maillard, 2004: 69-89). O como lo expresa en el poemario *Hilos*: *"Volver a las palabras / Creer en ellas. Poco. Sólo un poco / Lo bastante como para salir a flote y coger aire / y así poder aguantar, luego, en el fondo"* (Maillard, 2007: 55). Y aun en un poema de su libro *Conjuros*: *"No medirás la llama / con palabras dictadas por la tribu / no pondrás nombre al fuego / no medirás su alcance"* (Maillard, 2001: 63).

Hay escrituras donde se puede leer la escritura. No se trata de una promesa, de una redención, de una solución al dolor; al contrario: cada palabra —y no los signos encorvados ya por su agotamiento de sentido— nace en voz alta, afirmada, con una fragilidad que habla con el mundo, lo interroga, le pide respuestas, le pregunta por qué, lo sacude, no lo deja en paz. La escritura como esa fragilidad que muestra lo vulnerable de la existencia.

Pero todo ello no entraña una novedad, sino una diferencia que podría residir en los argumentos por los cuales escribir. Y es que muchos de esos argumentos ya están escritos: del automatismo, la técnica, el dispositivo, el pedagogismo moral, la intimidad encubierta, la extrema ficción, etcétera.

Las razones no están en la mano que piensa la escritura sino en la voz que tiembla. Cuando quien escribe es la voz y no el lenguaje en posición y posesión de la escritura, sobreviene el titubeo, la duda, la palabra partida al medio, la afirmación de la fragilidad. La voz, como arte y parte de la respiración, es confesional y sabe y puede moverse entre el dolor, la pasión, los huesos, la sangre, los ojos, las vísceras, el estómago, la espalda, el corazón.

Una escritura *en alta voz: "La escritura en alta voz pertenece (...) a la significancia, es sostenida no por las inflexiones dramáticas, las entonaciones malignas, los acentos complacientes, sino por el tono de la voz, que es un mixto erótico de timbre y de lenguaje y que como la dicción puede también ser la materia de un arte: el arte de conducir el cuerpo"* (Barthes, 2003: 108).

Sin embargo, la cuestión es —y siempre lo ha sido— tener algo para decir: este mundo no está expectante de lo que está por decirse. Ya se han dicho tantas cosas que, incluso como conjuro, hay que saber dejar de decir, pronunciar una voz quizá más tenue, más austera.

O bien: entregarse a la memoria de la voz de lo que ya fue escrito.

ALTERIDADES

Otras vidas.
Los otros aniquilados.
Los otros desconocidos.
Culpas de alteridad.
Los otros desiguales.
Los otros diferentes.
Los otros anormales.
Otros niños.
Otra infancia.
Otros tiempos.
Interrupciones a la infancia.
Niños interrumpidos.
La imposible soledad.
Infancia entre norma y literatura.
Infancia y desdicha.
Infancia y alteridad.
Comenzar con un grito.
La vejez en nosotros mismos.
La vejez y el cansancio.
Hablar con ancianos.
Dejar en paz a los ancianos.

Otras vidas

Hay vidas imposibles de sentir, de tocar, de percibir. Vidas de otros, en otros lugares, en otros tiempos. Fuera de uno, de nosotros. Fuera de aquí. Sin alcance, sin captura.

Podemos pensarlas, eso sí, a partir de nuestras propias vidas, en nuestro lugar, en nuestro tiempo. El resultado es, casi siempre, espantoso: como si se representara el amor o la guerra o el hambre o la miseria a través de un par de imágenes o de un par de sustantivos y quedáramos satisfechos.

La tentación de transformar una vida ajena en vida pasajera, la jactancia en definir lo insoportable y de deshacerlo en suaves proposiciones, el temor a lo impropio, a lo verdadero, a lo que está a ras del suelo y ya no puede ser mirado, a lo que se aparta y no puede ser oído, a lo que se va y ya no permanece.

Cualquier intento por ponerse en la piel de otro comete una herejía, pues se trata de una sobreposición, una usurpación, de un secuestro, un ultraje y no de una contemplación, de una apreciación, una disposición: ¿Cómo sería posible estar por dentro, adentrarse y respirar en una edad que aún no tengo o ya tuve, un cuerpo que no percibo, un país que no habito, una lengua que no hablo? No hay modo de estar más allá de lo que somos: ¿Es ser y no estar? Quiero decir: si cierro los ojos me encuentro conmigo, solo con conmigo, una y otra vez. Si cierro la boca, sólo encuentro mis pocas palabras.

Sería cuestión de alargarse un poco uno mismo, pero alargarse quiere decir despedazarse, perderse, desvanecerse, dejar de saberse, volverse irreconocible. Arriesgarse a no verse repetido. O, al menos, tratar de que lo que no sentimos, donde no estamos, lo que no decimos, tenga su otra gravedad, su propia espesura. Habría que resquebrajar lo uno. No pensarse tanto uno mismo. O pensar sin uno.

Porque tal vez sólo una ficción nos ofrezca la posibilidad de otra ficción. Una vida que decimos que es nuestra gracias a un relato que es de tantos otros. Tantas vidas que no son nuestras gracias a un relato que es de uno solo. Contar es siempre fugitivo. Contar es siempre forajido.

Decir una vida es ponerla en otra travesía. Travesía no quiere decir salir, sino salirse. ¿La vida es la ficción o es ficción el relato de su travesía?

Sobran los ejemplos.

Un hombre con labio leporino que atraviesa Sudáfrica en llamas (Coetzee, 2006). No tengo labio leporino ni conozco Sudáfrica ni siento el ardor de las llamas. ¿Qué importancia tiene? No lo soy, pero podría serlo. Y ese podría, lo puede todo. Puede no es poder, es temblor, es casi, es quizá. No se dice: soy, en efecto, ese hombre. Así se diría: tal vez podría serlo. En algún pequeño fragmento o en todo.

O: un niño prodigio que canta y recita y es amado (Némirovsky, 2009). No soy ese niño, ni soy prodigio, ni canto ni recito, ni soy amado como niño que canta y recita. ¿Debo serlo para conmoverme? ¿Debo ser exactamente lo representado? Ese niño deja de ser niño, deja de cantar con voz afinada, deja de recitar, deja de ser amado. No, no soy yo. Y sin embargo, otra vez, podría serlo en un instante de su trayecto, en un gesto, en una mirada.

O: un hombre en la segunda guerra mundial, en medio de una trinchera, un olor nauseabundo, el imposible regreso, la mujer que espera (Claudel, 2008). ¿Quién soy, qué soy: el olor, el agobio, la muerte, el hombre, la mujer o la espera? No soy, podría serlo. Una vez más. Podría serlo.

En vez de una afirmación, una duda rotunda: lo que podría ser, si fuera. Lo que sería, sin serlo. Lo que estoy siendo porque otros han sido. Y así, sucesivamente: en descendencia y en ascendencia. Desde y hacia todos los lados. Quisiera reconocer el olor del puerto a una hora específica en una ciudad de la edad media. No, no es quisiera. Es: querría. Lo impensable hecho imposible. Pero ahora cierto. Cierto que querría.

Querría sentir la brisa que recorre a Sócrates cuando pasea. Querría estar en medio del cambio de estaciones en una aldea perdida, remota, incógnita.

Querría dejar de percibir el paso de las horas en una cárcel.

Querría no morir de repente, sino a los sorbos.

Pero no quiero imaginarlo por mí mismo. Solo. No alcanzo, no llego, no puedo. ¿Podría? Querría.

Por eso busco, desesperadamente, gestos que no son míos. Y que luego, aunque quisiera, tampoco llegarán a serlo.

Los otros aniquilados

Los nombres que atribuimos a otros nunca se dirigen a los otros. Los damos, pero no se los damos. No los ofrecemos: los instalamos como signos debidos en una realidad indebida. Son nombres que nombran a los demás pero que no los llaman. No los convocan a venir, sino a quedarse quietos, a permanecer inertes. Ningún nombre ha cambiado radicalmente una relación. Son términos para usar entre pares y para volver a separar, una y otra vez, a los supuestos impares.

Esos nombres se usan con vehemencia pero nadie se ensucia las manos ni se entierra los pies. Describen lo que sería el otro, si acaso el otro estuviese quieto, aquietado, ajustado a unos ojos que se pertrechan detrás de la apariencia civilizatoria de una idea: ¿Cómo nombrarte sin tu nombre? ¿Qué nombre darte si tu nombre ya te fue dado y es ése, ése mismo, el tuyo? ¿Cómo llamarte si es que no estás próximo y sin aproximarme? ¿Es posible una conversación que no esté presente, en la igualdad más generosa del inicio y en la ternura más extrema e intensa de nuestras diferencias?

Durante el año 1945 casi 750.000 personas con discapacidad habían sido aniquiladas por el régimen nazi. En una fotografía de esa época, al interior de un blanco-negro casi sepulcral, se pueden ver cinco prisioneros de Auschwitz. Podrían ser cualquiera. Pero no lo son, nadie lo es. ¿Cómo hacemos para volver legible las cifras espantosas de la muerte? Esas cinco personas, cinco prisioneros con discapacidad, están con el cuerpo inclinado, desvencijado, aturdido. Miran y no miran a la cámara que los retratará. Con sus pijamas rayados asumen una pose desconcertada, inquieta, desesperada. Sus rostros son los de la descompostura.

¿Cuánto tiempo faltará para que sean asesinados? ¿Por cuáles sucios experimentos habrían pasado? ¿Qué nombres tenían, de dónde eran, qué vida habrían llevado hasta aquí? ¿De qué se les acusaba? Pregunto: ¿qué viene después de la aniquilación, qué hay después de identificar un cierto tipo de cuerpos que enseguida, más tarde o más temprano, serán condenados a distintas muertes –la muerte común, la muerte del experimento, la muerte del exterminio, la muerte de la disgregación, la muerte del exilio–? ¿Cómo sería posible plantearse acaso una reconciliación con lo humano?

De siglos de deshecho, de siglos de encierro, de siglos de separación y de siglos de exposición burlesca provienen las personas con las cuales hoy se quisiera la conciliación.

Los otros desconocidos

El imperativo de la productividad y de la aceleración del tiempo transformó el lenguaje de la conversación en un repetido monólogo.

Ya casi no se conversa con otros, ni de otras cosas: en el mejor de los casos sólo se conversa entre los mismos y de las mismas cosas.

Alguien habla, alguien escucha –o alguien explica, alguien comprende–: esto ya no alcanza.

Quizá porque escuchar no sea un gesto de estos tiempos: se habla para conseguir adeptos, para entronizarse, para despotricar, para decir todo aquello que ya no es necesario oír.

Se habla para que otros escuchen, sí, pero se pide demasiado a cambio: una presencia que no pestañee siquiera, un perfil difuso de una vida que se piensa inexistente. Así, un cuerpo no le habla a otro cuerpo sino a una silueta del todo ensombrecida. Un hombre o una mujer hablan; un hombre o una mujer escuchan: esto ya no es suficiente.

Alteridad significa extrañamiento, perturbación, alteración, acaso. Y desconocimiento. Pero no el desconocimiento que está a punto de saberse, de entumecerse, de sumergirse, de ahogarse. El desconocimiento es el estado permanente del desconocido. No es un límite, es una interioridad: "*Desconocido no dice el límite negativo de un conocimiento. Ese no-saber es el elemento de la amistad o de la hospitalidad infinita del otro*" (Derrida, 1998: 17-18).

Hay, habrá que conversar con desconocidos.

Conversar con desconocidos significa no saber el mundo de antemano, no conocerlo jamás, sentirse parte de una pieza irremediablemente descompuesta, mirar para la inmensidad como si nunca dejáramos de ser niños en estado de infancia.

Aquello que vuelve azaroso la *poética del conocimiento* es, justamente, el laberinto de la travesía, la incapacidad de trazar líneas rectas o utilitarias, el modo en que nos exponemos a lo que percibimos.

Los encuentros con otros ofrecen una sensación más de *interrupción* que del azar. Es decir: atravesar el mundo supone —lo disimulemos o no, lo encarnemos o nos resistamos a hacerlo— un permanente encuentro y desencuentro con cuerpos y voces de desconocidos.

Estar en el mundo y estar en la poesía tal vez supongan, así, algo parecido: desestimar cualquier idea o vestigio de normalidad, de habituación, de ese encogimiento de hombros que significa que *así son las cosas*. Allí se muere parte del mundo y, también, parte de uno mismo.

Si de verdad escuchamos, si de verdad miramos, si de verdad nos pasa algo más allá del relato apacible de nuestra existencia, las interrupciones comandan el lenguaje, ofrecen una suerte de dictado.

Es al mundo a quien quisiera mirar a los ojos; es al otro –desconocido– a quien le ruego su dictado.

Pero no, no se trata de salir fuera. No hay que irse lejos. Hay que salirse, quitarse, que no es lo mismo. Salirse es estar expuesto, es atender, es escuchar.

Sucede que el mundo es más interesante que el yo que lo percibe, lo explica y lo ordena. No se trata del desborde, de la incontinencia, sino el sentir en carne viva el pasar de los desconocidos, el azar de las conversaciones, las irrupciones de lo inesperado.

Una escritura que nace a partir del estremecimiento diario. Por ejemplo:

> *La anciana de pies fríos y ojos pequeños daba dos pasos y se detenía. Otros dos pasos y volvía a detenerse. Al caminar, padecía del peso de varias vidas sobre su piel. Al pararse, respiraba quejosamente y un rubor de brisa negra ascendía por su rostro. "¿Está usted bien?", le pregunté. "Sí", dijo entrecortada. Absorbió todo el aire del universo y continuó diciendo: "A mi edad se está bien, pero muy lentamente"* (Skliar, 2014).

Desborda algo, alguien, algo o alguien que no se busca y sin embargo existe, está.

Escribir tendrá que ver con ese encuentro con lo desconocido y los desconocidos e intentar que el lenguaje no traicione la sorpresa.

La sorpresa: esa forma inexacta y balbuceante que asume para sí la perplejidad.

Porque un desconocido trae una voz nueva, una irrupción que puede cambiar el pulso de la tierra, un gesto nos hace rever lo ya conocido, la palabra antes ignorada.

Y es cuestión de escuchar, no de estar de acuerdo. Estar de acuerdo o no con algo que no pensábamos o no mirábamos antes no tiene ninguna importancia.

Sí. Es solo cuestión de escuchar.

Como si no hubiese otra cosa que un lenguaje que nunca es nuestro, hecho de fragmentos que jamás se poseen. Como si por un instante lo lejano quedase próximo y quien se aproximara fuese prójimo.

Como si se dejara los oídos en medio del camino y se prescindiese de toda palabra conocida.

Como si cada uno de los desconocidos encarnase la posibilidad de una verdad.

Culpas de alteridad

Nunca es suficiente el ensañamiento con los débiles, los tontos, los imbéciles, los retrasados: arrojados desde los montes, desheredados, desarropados, abandonados a su propia suerte y muerte, condenados a un ostracismo, prohibidos del libre albedrío, excluidos e incluidos como si se tratase de entidades autómatas, jamás absueltos de sospecha o mala intriga, despojados de sí, angelizados y demonizados.

Nunca es demasiada la sospecha, la injuria, la tontería que impide ver lo humano más allá de un espejo liso, sin marcas, sin dobleces.

El cuerpo, por ejemplo, se ha convertido en un torpe dibujo de líneas magras y rectas, *"un cuerpo molesto, indiscreto en el mundo de los cuerpos, inaceptable"* (Nancy, 2007: 42).

La inteligencia, por ejemplo, tiene buena reputación aunque sea artera, asesina, déspota, humilladora, agraviante. La falta de inteligencia —de esa inteligencia altanera y vacua— es percibida como una ausencia absoluta, incapacidad para ser, estar, existir, carencia de presencia, abandono del futuro, turbia incontinencia de animalidad.

A la desdicha generalizada se les añade a los débiles, los tontos, los imbéciles, los retrasados, otra desdicha aún mayor: no se les deja elegir su propia nostalgia, su propia melancolía, ni su propia carcajada. Se los ve inútiles, incluso, para la recta esclavitud, la servidumbre dócil, abandonándolos a la pala y el pico, a la fabricación de objetos repetidos.

Inútiles para comprender las sumatorias y las dedicatorias, para avanzar con éxito, para ser alguien-otro en la vida, para montar empresas o para ser estafados por ellas, para saludar a los ministros, para sonreír por obediencia y para quedarse callados a la hora del concierto, insisten en andar por la calle asustando a los niños y a sus padres de cuello blanco.

De vida errada y encerrada, se los aprisiona con un halo de naderías: nada para pensar, nada para procrear, para mentir, para soñar, para guarecerse de la lluvia, para entender la muerte, para escuchar.

Los débiles, los tontos, los imbéciles, los retrasados —si algo así existiera, si algo así pudiera portar esos nombres— son metáforas de un mundo estrecho, absurdo y apurado. Muestran las brechas, los orificios, por donde el mundo de la soberbia y la jactancia se derraman y se perforan de hipocresía y espanto.

Metáforas erráticas de la vida falsa, imágenes despintadas de la vida falseada: nuestra ignorancia es de tal magnitud que de verdad creemos verlos en su oscura existencia; nuestra torpeza es de tal autoritarismo que de verdad creemos vernos en nuestra limpia existencia.

"Ya no se nombra de este modo a esas personas", dicen.

Y el lenguaje, exhausto, responde que es así como se los siente y piensa. Aun en aquellas historias donde la inteligencia no juega papel alguno, la culpa de los débiles, los tontos, los imbéciles, los retrasados, es evidente o se hace evidencia.

Por ejemplo: en el verano de 1944, en la ciudad americana de Newark, una espantosa epidemia de poliomielitis va dejando su tenebrosa huella entre los niños y los jóvenes. Lo que parece ser una enfermedad lejana y ajena, comienza a sentirse próxima y propia. Nadie, ni siquiera los afamados médicos saben de dónde viene o cómo se esparce: ¿será la comida, los escupitajos de los italianos, la inmundicia de los basurales, el ardor inclemente del verano? ¿Vendrá de la ciudad más cercana, o serán los judíos, o estará en medio del sudor de los juegos en los patios de las escuelas?

Esta historia está contenida en *Némesis* de Philip Roth (2011), una novela de lenguaje seco y abatido, cuyo protagonista central es un maestro que debe transitar entre el adiós a sus alumnos muertos, la compasión infinita hacia sus padres, el cuidado hacia aquellos que aún no enfermaron y la necesidad de sostener con su lenguaje ese frágil equilibrio de las sospechas generalizadas, la culpabilización a granel, el derroche del egoísmo.

Durante ese verano asfixiante y sepulcral se tuerce el rumbo de la pregunta que todos allí pronuncian sin tregua. Ya no se trata de: ¿qué causa la polio?, sino: ¿cómo se propaga la epidemia?

En el pueblo vive Horace, un retrasado mental que suele vagar sin sentido por el pueblo y que, en ocasiones, pasa por la escuela a ver a los niños jugar, sin otra intención que la de quedarse quieto en un canto y, de ser posible, estrecharles las manos. Así lo describe Roth:

> *Pasaba Horace de nuevo, sin duda en dirección al centro, sin comprender que era sábado y que, en verano, las instalaciones cerraban el sábado a mediodía. No estaba claro que comprendiera también lo que significaban "verano", "centro", "cerrado", o "mediodía", de la misma manera que el hecho de que no caminara por el lado en sombra de la calle probablemente significaba que era incapaz de elaborar un pensamiento rudimentario para conceptualizar "sombra" o siquiera buscarla por instinto, como haría un perro en semejante día* (Roth, 2011: 50).

En el pueblo, todo el mundo está extenuado e histérico, agotado y en tensa vigilia por la fiereza de la calamidad. El encierro se hace cada día más agobiante y sólo algunos, los más pequeños, salen a las calles para concurrir a la colonia de verano. Todos allí están a flor de piel y con la sospecha como un arma de fuego en el centro de la mirada y en la punta de la lengua.

Y ocurre entonces la segunda transformación de la pregunta sobre la polio, el cambio de entonación que sale a la captura del reo. Ya no se trata de saber ni qué causa la polio, ni cómo se propaga, sino quién tiene la culpa de la epidemia. ¿Cómo no acusar, entonces, a Horace, alguien que no conoce el sentido de las palabras, que expone su cuerpo sin conciencia al calor demencial del mediodía y que ni siquiera tiene los instintos de un perro? ¿Qué mejor que un ignorante para atribuirle la culpa de haber transmitido la polio por el pueblo? ¿Quién sino Horace, incapaz de defensa, incapaz de lenguaje, incapaz de todo, puede ser el más perfecto de los culpables?

Dice un joven estudiante: *"Él la está extendiendo (...) Estoy seguro. No debería haber perdido los estribos, sé que ese hombre es un retrasado, pero no está limpio y propaga la enfermedad. Va de un lado a otro, la baba le cae aquí y allá, estrecha la mano de todo el mundo, y así es como dispersa los gérmenes por todas partes"* (ibídem: 95).

El maestro intenta desestimar esa acusación y convencerlo de que nadie sabe cómo se propaga la poliomielitis. Pero las cartas están echadas: nadie logrará quitar las sombras que se yerguen sobre Horace, nadie quiere pensar mejor o de otro modo, todos desean que haya un culpable: *"¡Usted no ve quién está propagando la enfermedad por que es un ser muy indefenso! Pero no sólo es indefenso: ¡es peligroso! ¿Es que no lo comprende (...)? ¡No sabe limpiarse el culo, así que contagia a todo el mundo!"* (ibídem).

Éste es el culpable: el que no sabe, el que no se da cuenta, el que es inconsciente de los actos que pueden causar todavía más tragedia, el sucio, el retrasado, el débil, el imbécil, el incapaz.

Cuando la sospecha recae sobre el indefenso, la culpa es aún más perfecta, más incontrastable, más rotunda aún.

Una culpa anudada a un lenguaje falaz —acusador, instigador, nervioso, deshonesto— que nadie contestará y que, enseguida, se propagará como la epidemia de polio.

Los otros desiguales

La madre se sienta enfrente de mí, del otro lado de un largo escritorio. Somos muy jóvenes los dos y, sin embargo, nos han tocado sitios tan opuestos, tan desiguales, que es imposible vernos tal como somos fuera de aquí: seres como cualesquiera otros.

Ella es la madre de un niño con problemas –está inquieta, llena de dolor en el cuerpo–; yo soy un profesional –desgarbado, temeroso de mostrar mis manos, lleno de palabras difíciles–.

"Necesitaría que contestara algunas preguntas", le digo en un tono ceremonial que no proviene de mi garganta sino de un sitio más lejano, quizá desértico. Ella asiente, porque está allí para eso: para sentarse y asentir. La asimetría de voces se hace cada vez más profunda, más abismal.

Pregunto: —*"¿A qué edad comenzó a hablar su hijo? ¿En qué momento caminó? ¿Cómo reacciona cuando alguien le habla? ¿Cómo es su juego? ¿Habla mientras juega? ¿Cómo dibuja? ¿Reconoce estructuras gramaticales complejas?"* —y así, una pregunta tras otra, hasta el hartazgo.

Cuando quito mis ojos del cuestionario para encontrar sus respuestas, ella me está mirando desde el borde mismo de la desazón. O quizá desde el extremo más agudo de la furia.

—*"¿Pero vio usted a mi hijo?"*. *"No"* —le respondo— *"pero tengo aquí su historial, que ya revisaré"*.

La madre me toma del brazo y con furia me conduce hacia la puerta.

—*"Pues aquí lo tiene, es él, ¿lo está viendo? Nunca comenzó a hablar, nunca caminó, no juega, no hace nada cuando alguien le habla y no reconoce ni siquiera a su padre"*.

El niño estaba postrado en una austera silla de ruedas, la mirada perdida o nunca hallada, los dedos nulos, su rostro detenido en la parálisis de algún vacío de su cuerpo. Y se marcharon. Y me dejaron con mi escritorio, mi cuestionario y mi ignorancia. Por años he intentado, en vano, buscar a esa madre y a ese niño para pedirles perdón.

Aunque de algún modo ya lo hice: jamás volví a preguntar nada a nadie, sin haber conversado antes.

Los otros diferentes

Diferencia: una palabra ya pronunciada desde hace un tiempo inmemorial en la filosofía, antes, mucho antes, que se transformara en una palabra-objeto, en una palabra-política, en una palabra-pedagógica, en una palabra-sin nadie-dentro y sin nadie-al-otro-lado.

"El hombre es un animal que juzga", decía Nietzsche (1976: 173).

Y la interpretación de la diferencia resume toda la cobardía de los hombres, toda su incapacidad por estar en el mundo entre otros, toda esa ignorancia resumida en el arrojar un nombre y esconder la lengua.

"Yo lo conozco, dijo él orgulloso antes de empezar con su difamación", escribía Elías Canetti (2005: 98). Y ese es el orgullo mayúsculo de los especialistas: conocer y difamar; atribuir esencias y escaparse a los reductos conceptuales de lo mismo; distanciarse hasta volverse indiferentes. Son los que se enojan toda el tiempo con la alteridad del otro, y separan y juntan a voluntad, encierran por dentro y por fuera: *"Todo hombre que ha decidido que otro es un imbécil o una mala persona se enfada cuando el otro demuestra que no lo es"*, vuelve a decir Nietzsche (2001: 37).

Suponer diferencia en unos pero no en otros resulta de un largo ejercicio de violencia. Usar el lenguaje para atrapar, para enclaustrar, para reducir, para enjaular, para agraviar, para denostar, para empequeñecer, atrapa, enclaustra, reduce, enjaula, agravia, denosta y empequeñece al lenguaje pero, sobre todo, a la relación, a la vida.

Porque la diferencia no es un sujeto sino una relación. Cuando la diferencia se vuelve sujeto hay allí una acusación falsa y sin testigos de desvío, de anormalidad, de lo incompleto, plagada de discursos autorizados, renovados, siempre actuales, siempre vigilantes y tensos.

La edad del hierro, novela del escritor sudafricano Coetzee (2002) puede ayudar a pensar la diferencia en ese sentido. Se trata de un encuentro subrepticio entre una anciana y un vagabundo, donde el vagabundo siempre lleva las de perder, porque es el supuesto diferente: la obviedad del diferente para una mirada quieta y aquietada, para la mirada fija y obsesiva, para la mirada adormecida. Si se lo observa de lejos es una amenaza, un peligro, una diferencia a expulsar de nuestra atmósfera de supuesta tranquilidad. Si se lo ve de cerca, lo único que se desea es que sea uno de los nuestros, un semejante. Allí no hay relación.

En la novela la anciana –profesora de filosofía, ya jubilada, que vive sola y enferma a la espera de la visita de una hija– ve desde su ventana la llegada amenazante del vagabundo; su deseo inmediato es el de quitárselo de la vista, una primitiva necesidad que la hace llamar a las autoridades para que *hagan algo con él*. O, un poco más tarde –cuando percibe que es imposible hacerlo desaparecer de su vista– la intención es aproximarse, ofreciéndole trabajos inútiles, casi esclavos. Incluirlo para apaciguar su propio temor por lo desconocido, sentirse en el derecho de opinar sobre la vida del otro: "*El olor más desagradable viene de sus zapatos y sus pies. Necesita calcetines. Necesita zapatos nuevos. Necesita darse un baño. Necesita un baño diario. Necesita ropa interior limpia. Necesita una cama, necesita un techo sobre su cabeza, necesita tres comidas al día, necesita dinero en el banco. Demasiado que dar*" (Coetzee, 2002: 47).

Las relaciones de diferencia nada tienen que ver con la exclusión o con la inclusión: se trata de una necesidad por conversar, de usar las palabras para poder estar y, quizá, hacer cosas juntos. Pero no de cualquier manera: no hay un único modo de estar juntos, estar juntos no significa estar a gusto, ¿a quién se le ocurriría semejante idea?

Pero si conversamos, si entramos en una relación que no tenga el ánimo de hacer del otro un insulso semejante, quizá la diferencia valga la pena, quizá la diferencia sea lo que mejor narre lo humano. Y para eso tenemos que tener tiempo. No formas de nombrar: tiempo. No mejores o peores etiquetas: tiempo.

Porque cuando no hay tiempo, hay norma. Cuando no hay tiempo, juzgamos. Cuando no hay tiempo, la palabra es la proclamación del exilio del otro, su indigno confinamiento: *"Lo cierto es que, si tuviéramos tiempo para hablar, todos nos declararíamos excepciones. Porque todos somos casos especiales. Todos merecemos el beneficio de la duda. Pero, a veces, no hay tiempo para escuchar con tanta atención, para tantas excepciones, para tanta compasión. No hay tiempo, así que nos dejamos guiar por la norma. Y es una lástima enorme, la más grande de todas"* (ibídem: 94).

En efecto, al otro lado de lo normal no está el anormal —y esa multiplicidad de figuras de anormalidad que se han inventado y fabricado a lo largo de la historia, la cultura y la lengua— sino el tiempo o, mejor dicho, el tener o no tener tiempo. Si tuviéramos tiempo para darnos tiempo, si en vez de juzgar apreciáramos, escucháramos, hiciéramos cosas comunes, no habría ninguna necesidad de nombrar como diferente a los demás. A los que no les damos tiempo, a los que interrumpimos todo el tiempo, a los que transformamos en cuerpos sin tiempo.

Decir la diferencia, sí. Escuchar la diferencia. El mundo es una inmensa circunferencia agujereada por las excepciones. Y hay demasiadas palabras para ocultar su derrame, las aguas que no se embalsan, los sonidos disfónicos, el caminar rengo, las espaldas vencidas, el aprendizaje curvo, la memoria azarosa, el cuerpo desatento, los oídos mudos, los ojos que miran en una dirección que no conocemos. Igualdad, equidad, diversidad, anormalidad, discapacidad, necesidad, deficiencia, diferencia, desatención, retraso, inmadurez, autismo. Cuánto hartazgo.

El mismo hartazgo que siente y padece, página a página, Michael K, aquel personaje de labio leporino de otra novela de Coetzee.

> *Lo primero que advirtió la comadrona en Michael K cuando lo ayudó a salir del vientre de su madre y entrar en el mundo fue su labio leporino. El labio se enroscaba como un caracol, la aleta izquierda de la nariz estaba entreabierta. Le ocultó el niño a la madre durante un instante, abrió la boca diminuta con la punta de los de-*

dos, y dio gracias al ver el paladar completo. A la madre le dijo: —Debería alegrarse, traen suerte al hogar (Coetzee, 2006: 9).

En *Vida y época de Michael K*, Coetzee hace atravesar su personaje por toda una Sudáfrica en guerra, con la única voluntad de esparcir las cenizas de su madre para, enseguida, realizar una travesía de anonimato. Michael K se esconde una y mil veces y no logra cumplir con su deseo de no ser perturbado; prefiere no conversar con nadie, pero es interrumpido por infinitas preguntas, infinitas inquisiciones. Prefiere la soledad, pero siempre hay alguien más que le dirá qué hacer y qué no hacer. Es, también, una metáfora sobre la imposibilidad del quitarse, del preferir no estar y no poderlo, una pesadilla interminable donde nadie parece querer dejarlo en paz. Michael se vuelve un nadie acribillado a incógnitas que otros no pueden soportar para sí; es un ser sin nombre al que nadie dejará de nombrar insistentemente:

> *Quiero conocer tu historia* —escribirá el médico de un internado—. *Quiero saber por qué precisamente tú te has visto envuelto en la guerra, una guerra en la que no tienes sitio. No eres un soldado, Michael, eres una figura cómica, un payaso, un monigote (...) No podemos hacer nada aquí para reeducarte (...) ¿Y para qué te vamos a reeducar? ¿Para trenzar cestas? ¿Para cortar césped? Eres un insecto palo (...) ¿Por qué abandonaste los matorrales, Michael? Ese era tu sitio. Deberías haberte quedado toda la vida colgado de un arbusto insignificante, en un rincón tranquilo de un jardín oscuro* (ibídem: 155-156).

El desprecio por la diferencia de Michael K es evidente. Como si el ser diferente fuera sinónimo de sobra, de desperdicio. Como si el diferente no pudiera vivir entre los hombres y debiera quitarse de la vista del mundo. Como si fuera imposible enseñarle algo al diferente.

Diferente que ya es considerado como ser-muerto y, a la vez, una presencia insoportable que nos hace testigos involuntarios de otros modos de lenguaje, de comportamiento, de aprendizaje, de vida. Y será el mismo médico del internado quien, al fin, logre describir éticamente a Michael K. Una manera de hacer justicia con aquel que no pretende cambiar ni transformarse, ni ser mejor ni peor:

> *Soy el único que ve en ti el alma singular que eres (...)*
> *Te veo como un alma humana imposible de clasificar, un*
> *alma que ha tenido la bendición de no ser contaminada*
> *por doctrinas ni por la historia, un alma que mueve las*
> *alas en ese sarcófago rígido (...) Eres el último de tu*
> *especie, un resto de épocas pasadas* (ibídem: 158).

Los otros anormales

Aquello que nos era dado a saber hace un tiempo era que la normalidad se revestía con la imagen de un dios absoluto, incontestable, tiránico. Todas nuestras miradas se concentraban en sospechar de los demás. Y nosotros, bien a salvo: profesionales cuya tarea era la de corregir, identificar las ausencias, ser impiadosos con los desvíos, perseguidores de deformidades, hablantes en oídos sordos, inteligentes frente a los débiles, evaluadores eficaces. La deficiencia —así nombrada— no era más que un dato periférico que confirmaba la norma. Y la norma se erigía como centro de gravedad, como un imán hacia el cual tendían todas nuestras buenas y nobles acciones.

Pero antes de ser profesionales algo nos tuvo que haber pasado. Fuimos alumnos, en cierto sentido también nos miraron con sospecha y, a veces, con desprecio, humillación. Hay otra historia aun: la del miedo o el recelo o la ignorancia o el desprecio por aquellos seres extravagantes y ajenos que formaban parte de nuestras aulas o de nuestras calles o de nuestras familias. Lo humano como la supresión de lo humano, lo humano como una idea mezquina de lo humano, lo humano como aquello que no admite excepcionalidad, singularidad, irreverencia, desatino.

Hace falta volver a pensar nuestra relación con aquello que difiere de lo que creemos ser nosotros mismos. Hace falta no solo el sinceramiento, la transparencia o la constricción. Hace falta algo más. Un gesto tal vez desmesurado. No sólo un cambio de narrativas o de biografías o una reescritura prolija que corrija el sinsentido anterior. Una ética y una política de la debilidad. La vulnerabilidad propia como el escenario de nuestra sensibilidad y nuestro pensamiento. La autonomía que, también, quiere decir dejar en paz. No abandonar: dejar en paz.

Es una experiencia de la fragilidad porque se trata de un saber en el cuerpo. La insurrección de los conceptos frente a la complacencia indiferente. No ser impunes cuando hablamos del otro, no ser inmunes cuando el otro nos habla.

La ingenuidad es tan peligrosa como la obsesión. El territorio de la diferencia se encuentra devastado por las sucesivas cruzadas que intentaron acabar con la alteridad. Aún hoy la cultura, lo social y sus instituciones, atraviesan por campos minados: recambios de nombres, cantos de sirena integracionistas, la supremacía en extremo de un lenguaje jurídico, el reposicionamiento de la idea de lo normal, la belleza anoréxica y digitalizada de los cuerpos contemporáneos, no hacen más que ofrecernos un espejo deformado, un espejo que no devuelve la imagen despareja de lo humano sino que produce otra imagen a semejanza de la normalidad. ¿Es cuestión de un miedo milenario, de un misterioso y siempre astuto concepto de belleza, de la incapacidad suprema por hacer más extenso, siempre, el alcance de lo humano?

Lo que emerge hoy es, por lo menos, ambiguo. La travesía que consiste en desandar las propias huellas, el arraigo de lo normal como lo natural, la confusión entre exclusión e inclusión y la presión nefasta que ejercen los cuerpos publicitarios, no nos dejan en paz. No los dejan en paz. Parece ser que la civilización se tranquiliza al reconocer, a suficiente distancia, la existencia de la diferencia. Pero lo hace de un modo agazapado, reticente, de forma jurídica aunque no éticamente. El lenguaje de los derechos ha alcanzado su máxima aspiración y expresión. Sin embargo, sabemos que un cierto tipo de subversión y radicalidad se vuelven necesarios. Ya no se trata de un nuevo modelo de discapacidad, ni de una nueva organización escolar, ni de novedosas arquitecturas, ni de las conocidas políticas de identidad: la cuestión a indagar es el sí mismo, el problema es el nosotros mismos, cada vez que lo igual, lo común, lo normal son pronunciados como origen y centro del universo.

La razón que nos asiste para definir al otro sujeto se ha desvanecido casi por completo, pulverizada en sus argumentos y hecha jirones en su naturalización. Ya no hay sujeto-uno o, para mejor decir, nunca hubo un sujeto auto-centrado, omnisciente, capaz de rellenarse y hacerse absoluto, completo. Es esta la razón a desmitificar. Ser capaces de una teoría de la debilidad, de lo fragmentario, de lo incompleto y no ya como condición precaria, de agonía, sino como aquello que nos hace humanos. No caer en la trampa que nos tienden las angostas éticas hechas a medida del uno y que sólo nos proponen resguardarnos de los demás apenas aceptándolos, respetándolos, tolerándolos.

En esos espacios, en esos territorios y relaciones está el cuerpo, la centralidad del cuerpo, el ser un cuerpo y no sólo tenerlo. La historia de la discapacidad es, también, una historia de mutilaciones, cercenamientos, distancias extremas y desapariciones de cuerpos: cuerpos cojos, cuerpos sordos, cuerpos ciegos, cuerpos frágiles, cuerpos monstruosos, cuerpos femeninos, cuerpos pobres, cuerpos niños, cuerpos dementes, etcétera.

En diferentes tiempos y espacios ciertos cuerpos —y no otros— fueron sospechados de anomalía y juzgados y condenados sin más. Nadie los esperaba y al tenerlos de frente no hubo más que la acostumbrada tensión de lo normal:

> *Tensión entre dos aguas, entre lo que está vivo y no debería haber nacido, entre lo que ha nacido y debería haber muerto. En estas circunstancias es fácil, pues, entender que no hay un lugar social esperándolos. Terminan ocupando un no-lugar, exiliados en dicho umbral. A menudo la muerte y la eliminación se personifican en la misma*

gestación. Son objetos, que no sujetos, marcados por la muerte (Balaguer, 2004).

Quizá no sea ésta una respuesta ante la complejidad de la cuestión, pero es imprescindible una noción de cuerpo completamente distinta. Una noción de cuerpos en relación, donde no exista ningún vestigio acerca de lo que falta o de lo que hace falta. El fin de la idea del cuerpo normal. Huir de la obligación de juzgar. El encuentro con el otro, sin condiciones. La transformación del uno mismo en alteridad. Que la perturbación no sea, por fuerza, una amenaza. Que las distinciones no se conjuguen en etiquetas prendidas en las solapas de los demás.

Que haya igualdad primera.

Igualdad como un amor a primera vista.

Otros niños

No es un problema de optimismo o de pesimismo o de desazón. De amor o de desamor por los niños, de ilusión o desilusión por la escuela, de esperanza o desesperanza por lo educativo. No se trata aquí de un carácter destructivo ni instructivo. Apenas se trata de la necesidad de pensar al niño (¿cuál?), hoy (¿cuándo, dónde?) en las escuelas (¿cuáles?).

No alcanza con disponer de un retrato elaborado de antemano o de una fotografía instantánea o de una cinematografía veloz y evanescente. El tema —el niño, hoy, la escuela— que no es un tema sino un desborde de cuestiones, exige algo de detenimiento, de cuidado, pero al mismo tiempo asumir riesgos, poner en juego percepciones extremas.

La infancia, la nuestra y la del mundo, tal como la ha visto durante siglos el ideal humanista no está, no existe, se ha ido, difícilmente regrese, quizá nunca haya existido. Si alguna vez esa alma sin lenguaje, afásica, titubeante, zozobrante, atolondrada, desacompasada, coleccionista, soñadora, ingenua, metida para sí en su propio mundo, enroscada en sus propias sensaciones ha existido, corresponde a una época distinta a la de hoy.

No ha sobrevivido ni a la globalización, ni a la escolarización cada vez más temprana, ni a las imágenes pervertidas de la publicidad, ni a las representaciones naif que continuamos reproduciendo entre todos. No sobrevive ni a la demasiada hambre ni al demasiado consumo. Se vuelve otra cosa. Algo uniformemente informe. Algo que no es el *"niño hoy en la escuela"*.

Eso no quiere decir que no haya algo parecido a la infancia. Restos, residuos, retazos, jirones, que todavía podemos descubrir en algunos niños o en algunos adolescentes o en algunos adultos. Juegos, sobre todo gestos, partículas del lenguaje en ebullición, movimientos, acciones, miradas. La infancia es la memoria de la infancia. Una memoria muchas veces nostálgica que no atinamos a describir ni a descubrir en las palabras de los adultos que somos. Ni mucho menos en dispositivos, planificaciones, didácticas, disciplinas, conceptos, teorías del desarrollo.

Otra infancia

Hay un momento en que las ideas o imágenes o discursos de infancia y niñez se separan, no coinciden, no se entrecruzan, ni siquiera se buscan para tejer alianzas vitales. Mientras decimos que los niños son sujetos concretos, la infancia bien podría ser un estado, una condición, una duplicación que realizan los adultos sobre los niños. Porque los niños tienen rostros, edades, semblantes, gestos, acciones, días, noches, sueños, pesadillas, piernas, nombres. Cuando intentamos encajar a los niños a la infancia, algo, mucho, se pierde, se evapora. Pero cuando sustraemos a los niños de la infancia, también algo se pierde, algo se esfuma. Y en ambos casos permanece un cierto gesto de disgusto, de incomodidad, de dolor, de indiferencia.

¿Edad, generación, tiempo, temporalidad, condición o contingencia? La niñez es un estado germinal, el gusano del hombre que, como cruel paradoja, sólo puede ser mariposa durante el poco tiempo que le queda de infancia. Pero, al mismo tiempo, es el humano ya desarrollado —es decir, ya hecho, ya adaptado— quien se arrastra como gusano, aceptando más o menos dócilmente las reglas mecánicas y mortuorias de los tejidos sociales consolidados. El niño no habla de la infancia, ni siquiera en secreto, pues no es una secta ni una logia, no hay secreto ni misterio a revelar. La pregunta que siempre retorna y se hace cada vez más amenazante sería: *"no ver al niño por lo que es, sino por lo que podría llegar a ser"*; el juego menos divertido quizá es: *"¿qué serás cuando seas grande?"*.

Pero: ¿qué podría llegar a ser ese niño, esa niña que ahora juega, calla, piensa, imagina, dibuja, trabaja, recibe golpes, consume, mira televisión, se instala siglos frente al computador, tiene hambre, está enfermo, escucha gritar a los adultos en torno, se aburre, no quiere permanecer, se mueve, es mirado, es objeto de conocimiento, es desconocido? ¿Y quién podría ser ese niño, así en general, cuando luego comenzamos a mirar su suelo, su casa, su entorno, sus cosas, su barrio, su sexo?

Cuando decimos algo de ese niño, el niño ya no está. Es lo inaprensible y por ello sólo podemos mencionar la estela de su rastro en nosotros. Una suerte de cometa fugaz cuya luminosidad se ha perdido en el umbral mismo del discurso sucesivo.

Clarice Lispector lo escribe de este modo tan crudo, tan bello:

> *¿Cómo conocer alguna vez a un niño? Para conocerlo tengo que esperar a que se deteriore, y recién entonces estará a mi alcance. Allá está él, un punto en el infinito. Nadie conocerá su hoy. Ni él mismo (…) Un día lo domesticaremos como humano y podremos dibujarlo. Pues así hicimos con nosotros y con Dios* (Lispector, 2005: 17).

Esperar a que se deteriore, a que se vuelva adulto. Hacer que se ponga a nuestro alcance. Explicarlo. Domesticarlo para dibujarlo, para trazar su contorno, para dar a entender su contenido. El hoy, el ahora del niño como la imposible comprensión, incluso, para el propio niño. Por eso tanto desatino en la búsqueda de una respuesta a lo que es un niño. La mirada se posa, entonces, en lo que podría llegar a ser, en su estado travestido de adulto. La escuela hace misión a partir del deterioro. Quisiera hacer otra cosa, pero insiste en fijar la niñez en un punto quieto, aletargado, frondoso en representaciones, inhábil para el encuentro.

Sin embargo, no es tanto lo que podría llegar a ser, sino lo que el niño está siendo. Es imposible imaginar otra fórmula, a no ser el del suponer la multiplicidad y la complejidad de lo que un niño, una niña están siendo. Y aun así, las palabras no tocan la niñez: ¿multiplicidad como "cada niño es un niño diferente"? ¿Complejidad como actual simplicidad que ya resolveremos? La niñez no es algo que pasa, sino una duración, aunque más no sea una milésima en el tiempo del mundo. La duración del estar siendo niño. Todo lo que ocurre durante y que, quizá, podrá ser recordado y olvidado. Gerundio, no infinitivo. O bien, infinitivo subdivisible una y otra vez, en acontecimiento.[6]

El durante de los niños sería, por lo poco que sabemos y lo poco que sabremos todavía, un tiempo no lineal, no evolutivo, no unidimensional: *"Tal vez sea interesante precisar qué estamos otorgándole a la infancia cuando le damos un presente en el tiempo, si un límite, una frontera, un instante, una duración, una intensidad, una posibilidad, una fuerza o alguna otra cosa"* (Kohan, 2011: 102).

Otros tiempos

El tiempo de los niños no es lineal, sobre todo para ellos mismos. Los griegos lo llamaban *aión*. La intensidad de esa vida, en todas y cada una de sus condiciones divergentes, no entra en un relato fundado en el utilitarismo de las acciones efectivamente realizadas. El acontecimiento es informe, es problema, es un comenzar a pensar sin haber pensado. Un "no sé" no apenas legítimo, sino sobre todo implacable. No hay antes, durante y

---

6. *"¿Cuál es este tiempo que no precisa ser infinito, sino solamente «infinitamente subdivisible»? Este tiempo es el Aión"* (Deleuze, 2005: 27).

después en aquello que hacen los niños. Esa es una narrativa que buscamos desesperadamente los adultos para detener lo irrefrenable. Ése es nuestro problema.

Interrumpimos el tiempo del niño preguntando: "*¿Para qué sirve?; ¿por qué lo estás haciendo?; ¿qué sentido tiene?; ¿qué harás con ello?; dame un sentido de lo que estás haciendo pero dentro de mi lógica*", etcétera. No existe otra respuesta que: "*para nada, para esto mismo, para esto mismo que ocurre ahora, ahora mismo. Fuera de aquí no tiene sentido, no existe, no está, no es*". Es el lenguaje que ya había pronunciado el gesto, la acción, la fuerza, el movimiento. El lenguaje del adulto siempre quiere más explicaciones. No sobrevive sin ellas. Así, ofrecemos a los niños una conversación que nos es imposible de sostener.

El tiempo de los niños no es evolutivo. Si fuera evolutivo, si pasara de un estado primitivo a un estado terminal, acaba enseguida y muere. Si toda trayectoria se midiera como el pasaje de lo que no es a lo que sí será, lo que será ya no es niño. Todo lo evolutivo conduce a la muerte. Y lo peor es que los teóricos y prácticos de aquello que evoluciona lo saben pero ni siquiera lo nombran. Se detienen, siempre, un poco antes de la muerte. Creen en la perpetuidad y por eso son mezquinos con los niños. Les atribuyen inmadurez, precariedad, incapacidad, demasiada acción, agitación, inestabilidad, provisoriedad, debilidad.

El tiempo de los niños no es unidimensional. No ocurre por concentración, disciplina, esfuerzo, aplicación, dedicación. Acontece por animalidad. Si se quiere, para no ofender a los demasiado humanos, acontece por una animalidad de afección perceptiva. Afección perceptiva: cuando los oídos están abiertos, cuando la mirada está abierta, cuando la piel está abierta, cuando el mundo llega incontinente a un cuerpo que lo recibe sin escrúpulos, sin trampas, sin jurisprudencia. El tiempo de los niños nos debería hacer notar esa animalidad que desperdiciamos, perdemos, subestimamos siempre y a la que debemos, por lo menos, infinito respeto. Porque la animalidad no es bestialidad ni monstruosidad ni inhumanidad. La animalidad pone a la humanidad en su lugar, aunque siempre parezca lo contrario.

Pero hay un instante en el tiempo de la niñez en que el mensaje adulto llega decidido, indefectiblemente, más tarde o más temprano, con mejor o peor voz, bajo la forma de amenaza o de una extraña invitación: *"basta de hacerte el distraído, no te hagas más el tonto"*, *"cuándo vas a comenzar a tomarte las cosas en serio"*, *"no todo es juego"*, *"el lenguaje es un asunto que no se puede tomar en broma"*, *"es hora de comenzar a pensar en lo que habrías de hacer"*, *"la vida es cosa seria"*, y otras frases del estilo. Una suerte de traición: el adulto le dice "basta" al niño. Y el ritual de la masacre acontece, con absurda y adulta impunidad.

Lo que ocurre es una interrupción de la niñez y de la infancia. Ni continuidad ni evolución ni progreso ni circularidad ni elipsis: interrupciones. El tiempo del niño es una amenaza a la celeridad y la urgencia adultas. Por eso el adulto interrumpe el tiempo del niño. A veces la interrupción es una guerra, un exilio, una bomba. Otras veces ocurre bajo la forma del hambre, de la miseria, del abandono. Y otras veces la interrupción coincide con el inicio de la escolarización. Y es que también una interrupción puede ocurrir con suavidad, necesidad y elegancia. Y no deja de ser una interrupción.

Interrupciones a la infancia

Aquello que se interrumpe, entre otras cosas, es: el cuerpo, la atención, la ficción, el lenguaje. El cuerpo debe entrar en un orden —por eso la doble presión de la publicidad y la medicalización—; la atención debe concentrarse, fijarse —por eso todos los niños son sospechosos de hiperactividad, de desatención—; la ficción debe acabarse y reconducirse —por eso la institucionalización, la escolarización—; el lenguaje debe dejarse de embromar, de hacer metáfora y pasar a ser más sintáctico —por eso la gramática y la retórica—.

Pero en todos los casos, siempre habrá una interrupción sobre el tiempo de los niños: *"Qué largos serían los días por aquel entonces. Cada hora invocaba una vida que se marchaba para siempre"*, escribe Fadanelli (2006: 52) en su novela *Educar a los topos*. Ahora el tiempo se hace demasiado largo, está extendido hacia el aburrimiento, la insignificancia, la otra duración: la de la cronología simple y pura. Todo lo que era simultáneo, disyuntivo, inaprensible, se vuelve sucesión, principio y finalidad.

La interrupción en el cuerpo de los niños. Su punto de partida es la animalidad, una animalidad gestual, una animalidad del movimiento, de la mirada, de la exploración, de la escucha. Una animalidad indefensa rodeada de cuidados y descuidos. Una animalidad rodeada de palabras que hablan de ese cuerpo: lo que el cuerpo hace en efecto y las hiperinterpretaciones acerca de lo que hace por defecto. El cuerpo de los niños es un cuerpo que está en el mundo recientemente y que se incorpora a él como producto de una tradición, sí.

Pero la tradición apenas hace de un niño un adulto a imagen y semejanza de otro adulto. El cuerpo del niño debe comenzar, nuevamente, novedosamente, su travesía y su experiencia. Es un cuerpo que mira y no dice. La mirada está antes que las palabras. El gesto es una frase que no acaba de decirse, no por primitivo, sino por que ya comienza a ser leído por otro. Pero el cuerpo es sobre todo fricción, contacto, contigüidad, roce, toque, afección. El cuerpo del niño es interrumpido por los códigos cifrados de una distancia sideral con otros cuerpos. Es una enseñanza de posturas a partir de la impostura de un cuerpo que ya ha dejado de sentir. Y que enseña a ser cuerpo, dejando el cuerpo de lado, en otro lado.

La interrupción en la atención de los niños. La mirada se dirige a todas partes, aunque algunas cosas sean más interesantes que otras porque se mueven, suenan, tocan, hablan, enfrían, calientan, llevan colores, asumen rugosidades, bordes, sensaciones. Es una atención dispersa, no por inmadurez sino quizá porque no hay orden en el mundo. Todo intento por ordenar el universo les hace reír y llorar animalmente. Atender es mirar y es escuchar. Y es comenzar a saborear, despacio, la infinitud complejidad del mundo.

Atender no puede ser exigir decir. La atención es una disposición, no una virtud que se pueda medir. Pero es una disposición indispuesta, es decir, no tiene nada que ver con la recta disposición a atender, a escuchar lo que luego sobreviene en algunos órdenes pedagógicos. Es todo lo contrario de la sumisión, es la forma que asume la paciencia cuando es niña. Y la paciencia posibilita escuchar otras voces, atender otros cuerpos. La atención se presta, no se impone.

La existencia de tantos niños desatentos es también una rebelión. ¿Atiende más el que hace que atiende o el que decide no atender? ¿Quién decide cuánto dura la atención de un niño? La frágil ecuación se resuelve con la interrupción médica, publicitaria y pedagógica: *"habrás de atender todo, incluso aquello que no te es interesante"*.

La interrupción en la ficción de los niños. Se trata de una ficción de libertad, de lo ilimitado, de la totalidad y, por eso, también, del abismo, del salto al vacío. Ficción de lo que se abre, de lo que está en abierto. No hay duplicación aquí, no se trata del niño que se representa a sí mismo en otro lenguaje, con otra imagen, con otra composición. Es ficción porque es ensayo.

El niño ensaya, hay la suposición de una libertad de espíritu o de libre albedrío. Las fronteras son configuradas por la palabra *no*. Del *no* también se aprende, es verdad, pero no a seguir en el interior de la ficción. La clausura de la ficción ocurre por encerramiento, por prisión real o simbólica, por castigo, por golpe, por prohibiciones, por asfixia, por confinamiento de una lengua única, deshabitada, sin nadie detrás.

> *Lo encerraban a menudo en aquel espacio que suspendía el lado lúdico (...) Era un espacio absolutamente neutro, donde las funciones de los gestos quedaban anuladas: el movimiento era innecesario y casi ridículo. Las paredes no eran superficies estimulantes para un humano, mucho menos tratándose de un niño. Precisamente por ello, era*

> *un espacio que aplastaba la infancia —una masa pesada aplastando a otra mucho menos robusta—, por lo que resultaba imposible actuar o pensar de forma adecuada a la edad* (Tavares, 2012: 83-84).

Lo contrario de la niñez es eso que podríamos nombrar como *una estancia sin gestos*. El adulto sabe cómo confinar la niñez, cómo derrotarla. Y tal vez esa estancia sin gestos sea una de las metáforas del educar. Una de las más frecuentes. Una de las menos interesantes. Una de las más hirientes.

La interrupción en el lenguaje de los niños. Un lenguaje perceptivo. No de conceptos. Como el de algunos buenos poetas y buenos narradores. Perciben el mundo, entran y salen por los sentidos eso que los adultos llamamos *informaciones*. Se trata de átomos sonoros, de sonidos como interjecciones, de voces con gente detrás; se trata de un lenguaje que, simplemente, acontece. Acompaña lo que se hace, el movimiento, el gesto. No es una planificación utilitaria. Pero lejos está de un sinsentido. Puede ser un esbozo del lenguaje que vendrá. Pero lo que vendrá es el reemplazo de las percepciones por las concepciones. Ésa es una exigencia que cualquier niño deberá acatar. Un lenguaje perceptivo lo condenará a los confines de la clase y a una multitud de sospechas. Existir un lenguaje de percepciones quiere decir pronunciar un lenguaje hecho con el cuerpo. Un lenguaje que pasa atravesado, encarnado. Y hay quienes jamás recuperan esta posibilidad y se instalan en la amargura de los lenguajes de única dirección.

Las interrupciones, entonces. Interrupciones sobre su cuerpo, sobre su atención, sobre su ficción, sobre su lenguaje. Esas interrupciones ocurren sobre todos los niños. Antes o después. En mayor o menor medida. Con más amorosidad o con más crueldad. Con más autoridad o con más autoritarismo. Con más homogeneidad o con más diversidad. Con más exclusión o con más inclusión. Lo mismo da. Se sobreentiende que la vida está interrumpida durante la vida. También la educación podría ser el dejarnos de interrumpir y dar paso a las irrupciones.

Niños interrumpidos

El niño salvaje de Aveyron fue interrumpido. No era lobo, era niño. Y lo enderezaron, le dejaron beber sólo si así lo pedía en correcto francés adulto. Le permitieron pasear sólo si se calzaba los zapatos, se ponía la camisa y se alineaba el pelo. Lo aislaron para humanizarlo. Le enseñaron el lenguaje y acabó sus días expuesto en un circo de la periferia. Por supuesto que eso ocurrió hace demasiado tiempo. Fue el momento en que lo desconocido quiso ser intensamente conocido. De lo infinitamente ignorado a lo abismalmente detallado. De la exclusión a la inclusión, del desconocer al juzgar. De ignorar a prometer. De la indiferencia a la domesticación.

Los niños desatentos, sordos, ciegos, pobres, callados, inmigrantes, autistas, espectrales, destartalados, son interrumpidos todo el tiempo. A veces, incluso hasta la muerte. Los niños que juegan a ser niñas y las niñas que juegan a ser niños son interrumpidos. Los niños que miran para otro lado y los que miran fijamente son interrumpidos. Los niños que no viven en casas bien construidas, son interrumpidos. Los niños a los que se los somete a un permanente *on-line* hogareño son interrumpidos. Interrumpidos con intromisiones que se han naturalizado y que carecen de toda naturalidad. La exclusión como indiferencia, la tolerancia como pensamiento frágil, debilitado, bien acomodado a la época.

Los niños padecen la interrupción de su infancia.

La imposible soledad

El autismo: la imposible soledad. O su exageración pero sin exterioridad, o la *fortaleza vacía*, o el espectro evanescente de lo humano, o la pérfida mudez, o todas las metáforas huecas que se han inventado para disimular la ignorancia, para matar el tiempo, para reunirte con colegas en hoteles estrellados y desplumar a antojo la alteridad.

Piensas en Laura —podrías pensar en tantos nombres, incluso en *Ese chico ahí* de François Deligny, el poema a ese niño que sólo necesita de lo inmutable, de lo repetido, esa alteridad que busca lo inalterable, lo inmóvil, lo reiterado, lo siempre igual—.

Piensas en Laura porque cargas con sus jeroglíficos o símbolos o graffitis en tu rostro, en tus oídos, en tus ojos. No pudiste, es decir, no hubo manera de verse, de escucharse, de hablarse.

Eras muy joven, muy mujer joven y ella muy pequeña, muy niña pequeña. Eso que eran entonces no alcanzó para transitar por un mismo camino, mirar hacia un mismo lado, escuchar la misma palabra o tocar la misma risa. Recuerdas que Laura solo repetía: *"la, la, la, la, la"*. Y tú: *"no, no, no, no, no"*.

Laura: si le dabas algo —un juguete, una pieza de un rompecabezas, un lápiz— eso que le dabas ella lo usaba para otra cosa, como si los objetos no tuvieran pasado ni destino, un modo de quebrar todas las lógicas de la estabilidad, el ejercicio y la paciencia: un juguete para golpearte, la pieza para romperla, el lápiz para peinarnos. Le gustaba prenderse de tu pelo y no abandonarlo.

Te dolía y le retorcías las manitas para que las quitara de allí —aún conservas, si se te viera muy de cerca, ese espacio que arrancó con furia y amor, según creíste entonces, según crees ahora—.

En ese forcejeo alcanzabas a ver el fondo de sus ojos, esos ojos inciertos, esos ojos púrpuras, esos ojos que trazaban el inicio de una vida ausente.

Eso pensabas. Que Laura no estaba allí. Que no había sitio. Que su cuerpo se veía forzado a estar fuera. Que su boca debía decir algo. Que su atención debía atender. Que su lenguaje debía enunciar. Que su mente debía pensar. Que su corazón debía sentir. Demasiadas cosas.

Cuando pensamos en lo que necesita otra persona, cuando de lo que se trata es de nombrar lo que falta, lo que le falta a alguien —sí, está bien, pero lo que falta dónde: ¿aquí, en ti, en tu aparente suficiencia, o allí, en Laura, en su supuesta incompetencia?— algo de lo humano se aletarga, cae en un desmayo, una intuición perdida, una relación se esfuma, la rémora de la normalidad golpea sobre las sienes y haces cosas que no habría que hacer: forzar, obligar, compeler, deber, hacer, poder, tener.

Le pediste perdón a Laura: quisiste traerla a este mundo y no habías pensado que este mundo era un esbozo insignificante de tu mundo, que este mundo que esgrimías como único mundo estaba lleno de exigencias espurias, de límites absurdos, de violencias arteras.

No sabías, entonces, que el mundo se compone y descompone de totalidades vacías, de encrucijadas siempre entreabiertas, de miserias descomunales, de esa aburrida insistencia que consiste en percibir el mundo solo a través de una mirilla mugrosa y acotada.

¿Cómo fuiste capaz de sugerirle un mundo a tu torpe imagen y a tu desigual semejanza?

No supiste más de Laura. En realidad, nunca supiste nada de ella. Ni pudiste ni quisiste saberlo.

Y eso mismo, que nunca lograste saber de ella, pues tu ignorancia siempre lo supo.

Infancia entre norma y literatura

El lenguaje del derecho acerca de los niños: ¿qué decir? A riesgo de ser mal comprendido, no parece ser otra cosa que la coronación de un cierto tipo de lenguaje sobre el niño cuyo refinamiento le sirve sobre todo a la pluma y a la conciencia de los adultos.

Está claro que hay cuidar a los niños, protegerlos, alimentarlos, darles salud, familia, juego, educación, etcétera. Lo que está en discusión aquí es si de esto se trata todo lo que podríamos hacer; si no ocurre que una vez proclamados los derechos, nos retiramos satisfechos a continuar la escalada de desidia y abandono. Si, como ha pasado con otras declaraciones universales o particulares, no expresa sólo una descripción paradojal de un mundo que se obstina en demostrar exactamente lo contrario de su prédica, un *mea culpa* por las barbaries cometidas cotidianamente. Si el lenguaje jurídico será presa de la política de la barbarie o podrá regresar a su punto de partida: la ética singular, la ética de la respuesta, la ética del rostro.

También los discursos sobre la niñez, sobre la infancia, son interrupciones. ¿Cómo ver a un niño, sin ver allí la infancia como sustantivo y lo infantil como adjetivo? Es decir: ¿cómo ver a un niño en sí, no esencialmente, sin atribuirle ni caracteres angelicales, ni dominios demoníacos, ni la planicie de la nada?

La tradición, en este sentido, puede ser o bien filosófica, o pedagógica, o psicológica, o literaria, o cinematográfica, etcétera. Pero son tradiciones que no se cruzan, que no quieren mezclarse. A veces sí lo hace la filosofía y la literatura; la literatura y el cine; el cine y la filosofía; y muchas veces lo hace la psicología y la pedagogía.

Ver a un niño: ¿disputa entre conceptos o necesidad de desplazamiento del lenguaje con el que nombramos lo impreciso?

La literatura, por ejemplo, es fecunda en imágenes sobre la infancia. Quizá porque ella quisiera recuperar lo imposible: su atmósfera. No sólo el tiempo mítico, sino el olor, el sabor, lo que toca la piel, los sonidos aún indescifrables, la soledad iluminada, la aventura sin límites. Y por eso insiste en escribir sobre ella. Muchas veces por medio de ese lenguaje perceptivo que fuera ya interrumpido tantas veces. Con ese lenguaje que se vuelve hacia la ficción de la memoria y que en ella encuentra si bien no esa misma atmósfera, sí algunos indicios, sí ciertos gestos, haciéndolos regresar a un tiempo actualizado.

Uno de los escritores más nostálgicos en este sentido, Proust, reúne en sus recuerdos a su propio niño con sus propios libros, en una atmósfera del todo posible:

> *Tal vez no haya días más plenamente vividos en nuestra infancia que aquellos que creímos dejar pasar sin vivirlos, aquellos que pasamos con uno de nuestros libros preferidos (...) Quién no recuerda como yo esas lecturas realizadas durante las vacaciones, que ocultábamos suce-*

sivamente en todas las horas del día lo bastante apacibles e inviolables como para poder acogerlas. Por la mañana, al volver del parque, cuanto todo el mundo había salido a dar un paseo, yo me colaba en el comedor, donde hasta la hora lejana del almuerzo no entraría nadie (Proust, 2012: 59-60).

Marcel Proust escribe sobre una niñez que no quiere ser interrumpida. Leer es no ser interrumpido. Proust, en busca del tiempo perdido; una pedagogía que debería comprenderse como una relación con los niños que no interrumpe la niñez. Ya hay aquí una fuerte señal: la pedagogía cuyo mérito no sería otro que el de no interrumpir. Pero además, el de hacer durar la infancia todo el tiempo que fuera posible. Hacer durar sin artificios, dejar que la infancia sea infancia todo el tiempo posible, con toda la ambigüedad que esta frase encarna.

Peter Handke camina por las calles, los pueblos, las ciudades, se sienta en un parque y mira a los niños a través de una escritura perceptiva que evita todo contacto con ese "ya lo sabía, ya lo conozco". En su ya conocida *Canción por ser niño,* escribe: *"¿Cómo es posible que yo, el que yo soy / no fuera antes de existir / y que un día yo, el que yo soy, ya no seré más éste que soy?".* Handke mira y detiene el tiempo con la escritura.

Enseñar a escribir, enseñar a leer tal vez no tenga otro destino ni otro motivo: será para detener el tiempo, para no ensañarse contra la vulnerabilidad; para no morir tan rápido, para no morir tan prontamente, para no morir tan mortalmente.

Infancia y desdicha

De todas las interrupciones a la niñez, la escuela, la escolarización es la más conocida en ese tiempo conocido como modernidad. La escuela es el sitio donde la mayoría de los niños van a hacerse adultos. Generalmente a hacerse adultos hombres, incluso las niñas. Sobre todo, a hacerse adultos hombres blancos normales con futuro laboral en tiempos de creciente desamparo.

Los niños entran al mundo como una expresión de lo nuevo y deben, cada vez más rápido, hacerse viejos: trabajar, dejar de jugar, adaptarse, normalizarse, vivir en las grandes ciudades, pensar seriamente, hablar por hablar, opinar e informarse.

Por más que le demos vueltas al asunto, siempre habrá la sensación que educar en el mundo-tal-cual-es, tal como lo han hecho algunos adultos, contradice de lleno no sólo aquellos viejos ideales, sino aquellos otros más nuevos: diversidad, equidad, emancipación, igualdad, inclusión.

Peter Sloterdijk, en *El extrañamiento del mundo* (1998), habla de la finalidad de la educación, de la *paideia*, en términos de desdicha. O, para mejor decirlo, lo educativo comprendería una travesía de los niños que se caracteriza por el pasaje de una esfera de dicha a una esfera de desdicha; como si educar no fuera más que *adultizar* y como si la condición adulta fuera la de la desdicha y el *desdichar*, sin ningún ánimo de metáfora.

¿Pero no hay también idealismo, ideal humanista, en hablar de la infancia en términos de dicha? Dos cosas son ciertas: uno, que en las grandes ciudades y en sus instituciones sociales y culturales los adultos están desdichados, literalmente; dos: que aun en las condiciones más crueles y desesperantes, los niños siguen siendo niños.

Los modos educativos están afianzados y se han radicalizado en las últimas décadas. El lenguaje que pronuncian no pasa de un conjunto reducido de palabras que enmarcan la misión educativa alrededor de términos tales como *universalizar, incluir, hacer equitativa, producir igualdad, evaluar la calidad,* etcétera. No hay mucho más. Parece grandilocuente, pero no es más que un maquillaje para un rostro demacrado.

Al mismo tiempo que ingresan más niños, hay más cantidad de problemas de atención, de problemas de comportamiento, de problemas de aprendizaje. Los sistemas que han excluido hoy prometen la inclusión. Por doquier: a derecha y a izquierda. Pero los sistemas siguen siendo inequitativos porque los barrios lo son, las ciudades lo son, el mundo lo es. No hay igualdad, porque se la supone un punto lejano en el destino y no un punto de partida con el que mirar el mundo.

Esos modos le exigen a la escuela una tarea virtuosa e ímproba: hacer de la escuela casi el único y último reducto de convivencia posible. Un laboratorio de pacificación, puesta en juego de valores y desarrollo de competencias cuya imagen futura, recordemos, ya está destruida por las sucesivas crisis nacionales e internacionales. Hoy está al borde de la muerte el joven y el adulto al cual se hace referencia cuando se educa a los niños: si se aprende a leer y a escribir, si se va a la escuela, si nos ponemos serios, luego habrá vida. Pero ya sabemos que no. Que la vida está y siempre estuvo en otra parte.

Mientras tanto, los niños de la televisión insisten en ser saludables, felices e ingenuos, usan el móvil, se visten a la usanza de la moda adulta, viven siempre en casas con jardín, explican a sus padres heterosexuales cómo usar la computadora, son acompañados por razas de perros relucientes, practican deportes de más de once jugadores de campo y la mayoría de las veces, inclusive, representan a ejecutivos en potencia.

Si hay algo emancipador, pero no de civilizador en la tarea de educar, ello podría ser el acto de desprender a los niños de razones de ser futuras tan improbables como en franco proceso de desmoronamiento.

Por ello lo que es excepción, causa sorpresa, admiración, parece fuera del mundo. Los niños son esa excepción. Un nacimiento comporta la duración de lo nuevo. Lo que no sabemos. Ese acontecimiento tan repetido por la filosofía y tan narrado por cierta literatura y cierta cinematografía. Pero: ¿se repite esto a sí mismo la educación? ¿Será capaz la educación de narrarlo en ese lenguaje al interior de lo institucionalmente educativo?

Lo nuevo no es, sólo, una ráfaga, un relámpago, una sílaba: es la novedad de un mundo que, de otro modo, permanecería reseco, infértil, detenido en la absurda repetición de sí mismo.

¿Cómo recibir lo nuevo, cómo hacerlo sin saber de qué se trata, qué rumbo tomará, qué travesía seguirá sin nosotros? Se trata de un gesto entre tiempos, entre pasados y porvenires, un gesto pequeño, humilde:

> *Pero no podremos ayudarles a descubrir eso nuevo que ellos y ellas traen si nuestra humildad no está conformada también por el reconocimiento de todo lo bueno y lo bello que nuestros antecesores nos legaron; el legado de la cultura en la que nosotros nacimos y que nos permitió ser ahora lo que estamos siendo o aspiramos a ser: maestros y maestras de las nuevas generaciones para que niños, niñas y jóvenes encuentren ese "alguien ante quien preguntarse" como tan bien dice María Zambrano* (Pérez de Lara, 2010: 2).

Infancia y alteridad

Antes los niños se quedaban quietos o se movían entre infinitas leyendas inaudibles. Nosotros, los que fuimos niños, recordamos la quietud de la tarde y el abismo de la noche. Teníamos quienes nos hablaran, nos acariciaran, nos leyeran. Los adultos odiaban a los niños que no fueran niños. Les angustiaba no tener frente a ellos un cuerpo dócil, la absoluta réplica de sí mismos empequeñecida, bastarda, esclava. Nosotros también tuvimos miedo de burlarnos de nuestra propia infancia acomodada.

> *Cuando tú estabas no había muchos de estos tipos sin casa. Pero ahora son parte de la vida cotidiana. ¿Me asustan? En conjunto, no. Piden un poco, roban un poco; suciedad, ruido, borracheras, nada más que eso. Lo que me da miedo son las pandillas de merodeadores, los chavales de modales hoscos, ávidos como tiburones, sobre los cuales ya empiezan a cernirse las primeras sombras de la cárcel. Niños que se burlan de la infancia, de la época del asombro, del crecimiento del alma. Sus almas, sus órganos del asombro, atrofiadas, petrificadas* (Coetzee, 2002).

La relación con los niños es una relación de alteridad. De extrañeza. De misterio. De temblor. De perplejidad. De perturbación.

Depende lo que hagamos con todo ello, la relación tendrá matices diversos. De aproximación amorosa o de indiferencia brutal. La extrañeza puede pulverizarse hasta convertirse en polvo. O el misterio puede develarse, aunque ya sabemos cómo se reducen los misterios a pocas fórmulas del conocimiento. El temblor es sacudida y también emoción. La perplejidad puede reducirse a pocos segundos. O durar toda la vida. La perturbación puede molestar, incomodar, ofender. O comenzar a formar parte de uno mismo.

El mundo debe a los niños algunos gestos que le han sido sustraídos. Gestos corporales, gestos de atención, gestos de ficción y gestos de lenguaje. Ya no es el caso de sentirnos satisfechos con no interrumpir. Hay algo más: distender, demorar y alargar el tiempo de los niños. Si hubiera que decirlo en una única frase: la tarea de estar entre niños consiste en hacer durar la infancia todo el tiempo que fuera posible.

Detenerse con ellos en un cuerpo que no sabe de divisiones ni de regiones de privilegio; detenerse con ellos en una atención que es plural, sensible; detenerse con ellos en una ficción de tradiciones, travesías y experiencias; detenerse con ellos en un lenguaje que quiere jugar al lenguaje.

Comenzar con un grito

Bebette tiene ahora 51 años.

Sus cabellos están blancos antes de tiempo, su rostro se compone de arrugas finas y sostenidas desde la nariz hasta las sienes.

Todo el mundo parece caber en su mirada: la impotencia de la vida sola, la potencia de aquello que puede descubrirse a todo instante, la fragilidad de lo que nunca podrá aprenderse, y una extraña terquedad por saber de qué están hechas las mandalas.

Su percepción va más allá de lo posible y se detiene en cada color que otros no miran, en el movimiento que nadie percibe, en los gestos que siempre pasan desapercibidos: la hormiga lenta, retrasada de su hilera; el olvido impune de un saludo ocasional, el modo en que se abre o se cierra una puerta, la caída del agua entre las piedras cuando es invierno, el cambio de tonalidad de los ojos de quien se acerca, y el presagio infalible de la nueva lluvia que vendrá.

Hace magia con papeles en apariencia inservibles: un pájaro que levanta vuelo, el barco que nunca naufraga, la casa donde quisiera vivir por las tardes y decenas de sombreros que nunca guarda.

Hasta los 40 años vivió, reclusa, en la casa de sus padres, sin que hubiera una ventana desde donde adivinar el mundo, una abertura al cielo, a la tierra, a los pasos de la gente, a la sombra que la tarde arroja sobre las madreselvas.

Reclusa, recluida, prisionera, su madre le autorizaba a salir de la cama —ese reino de sábanas sucias, el desquicio del olor asfixiado— solo para comer algún desperdicio y para, luego, deber expulsarlo en el baño. Su padre la veía como un castigo de Dios, decía que había nacido así porque él no había sido lo suficientemente bueno, y apenas si le permitía acompañarle a misa para un probable conjuro o una expiación unánime.

Fue a la escuela por primera vez cuando tuvo 46 años.

No miraba a nadie, a ninguno. No había mirada para lo humano: todo le resultaba invisible, inservible. No sonreía —¿por qué debía hacerlo?— y no dejaba que nadie la tocase. Se quitaba las ropas, siempre oscuras, para ir al baño entre medio de la gente y se mordía los dedos hasta sangrarse en señal de dolor cuando menstruaba.

Vive ahora en una residencia para ancianos.

De algún modo es anciana, aunque va a la escuela todos los días, porque también es niña; o tal vez no es ni vejez ni infancia y sigue aprisionada en la edad eterna del todo y de la nada, ese tiempo inaudito en que las cosas que creemos importantes nada duran, y las más pequeñas contienen la duración de los siglos.

¿Cómo decirlo, cómo contármelo?

Ninguna frase hecha está hecha del todo: parece una mirada niña dentro de un cuerpo cabizbajo; como si sus ojos apreciaran todavía el nacimiento de una flor y el resto no fuese más que la carne seca de un sepulcro descuidado, abandonado, destituido de voz; parece como si su cuerpo haya crecido más allá de sus sentidos, más lejos que sus pies y aún más de prisa que su tiempo aquietado, adormecido.

O quizá no haya relato alguno para ciertas formas de vida, y lo extraordinario sea, entonces, la presencia abrasadora y asombrosa del silencio. O, por el contrario, su relato es como un grito en ciernes.

Porque un buen día Bebette gritó.

Gritó pues su garganta sentía más que una irritación: era el veneno de meses o años proferido en un segundo insoportable. Un aullido cercano, como un disparo, como una blasfemia irrepetible, como un llanto sostenido por alambres de púa.

Bebette gritó y todos pensaron que se trataba de una voz en su última travesía hacia ninguna parte. Pero acabó siendo el principio. El comienzo de otra vida. Bebette necesitaba que algo, por fin, continuara.

Nadie grita si no es para ser recordado en su dolor.

Nadie grita si no es para ser escuchado.

La vejez en nosotros mismos

Fue en la ya citada novela *Educar a los topos* de Guillermo Fadanelli donde leí aquello que: *"todos merecen la muerte, menos los ancianos"*. De todas las muertes previsibles, la de los ancianos me causa una singular congoja. Quizá porque en general se mueren solos, sin ellos mismos, sin nadie a la vista. Abandonados dos veces, por lo menos.

Yo miro ancianos. Yo converso con ancianos.

Por ejemplo: el hombre altísimo y desgarbado que pasea con su perro desastrado y minúsculo; el que se ajusta los pantalones casi a la altura del pecho mientras sus pies quedan al descubierto. Podría decirse que su pequeñísimo perro camina entre sus medias. Hablo con él a menudo, sobre parajes distantes, sobre la música clásica y, en especial, sobre su época de líder de no sé cuál revuelta. Se quedó solo, sus hijos viven en el extranjero y él dibuja, sin mucha gracia, cada uno de los rostros de sus conocidos, me dice, para nunca olvidarlos.

O el señor de muletas eternas que conversa todas las mañanas con el vendedor de diarios y revistas. A veces me acerco y mantenemos conversaciones insulsas sobre el tiempo —no me doy cuenta que se trata no del tiempo sino, más bien, del paso del tiempo—. Es digno de verse, sostenido por dos muletas raídas, vaya a saber de qué época. Sé que le gusta el cine y los caballos, pero ya no va a ningún sitio: ningún lugar le es accesible.

O la señora del quinto piso que de un día para otro enfermó y ya no supe nada de ella hasta conocer la noticia de su muerte. Su esposo, aún más envejecido, me contó lo de su muerte y al mismo tiempo me abrazaba. Una tarde sintió jaquecas, a la mañana siguiente se descompuso —como lo hacen los juguetes o la comida—, a la noche quedó sin conciencia y así se fue de la vida. Con el hombre recordamos, en ese breve viaje en ascensor, su carácter plácido, esa forma tan singular de dar el buen día que a uno le hacía creer que, de verdad, algo así era posible.

O el viejo mozo de la pizzería de la esquina que más que atender a la clientela se apoya de una vez y para siempre en el mostrador y mira, con ojos perdidos, la televisión —a veces apagada, a veces prendida—. Es una de las pocas personas que aún se peina con gomina y raya al medio. Cuando sirve las comidas no mira nunca a los ojos. Nadie, ni siquiera el dueño, escuchó jamás su voz.

O la anciana que todos los días carga bolsas con las compras de frutas y verduras y todo por medios kilos. Anda cuatro pasos, resopla, apoya el peso sobre el suelo, observa hacia los costados y vuelve a sus lentas andanzas. Nunca entendí que resoplar quería decir: ayúdenme. Por eso ella agradecía a la gente que pasaba, daba las gracias de antemano. Pero no lo conseguía.

¿Por qué me atraen los ancianos?

Atraer quiere decir tantas cosas: amar, agradar, gustar, pero también no poder evitar ser capturado por un centro de gravedad caprichoso y singular. Lo más evidente: mi amor hacia mis propios abuelos, hacia los parientes de mis abuelos, hacia los amigos de mis abuelos: la ternura, sí; la humedad intensa de los ojos, también; el deseo de ser convocados en las conversaciones, por supuesto. El querer decir algo y el preferir no hacerlo. Pero hay algo más, algo que se me revela tan próximo como ambivalente, algo que puedo tocar con la punta de mis dedos: la imagen, cada vez más presente, de mi propia ancianidad.

En cierto modo creo en la sabiduría de los ancianos y siento, además, que ésta es la época donde se comete uno de los crímenes más horrendos: el negarse a escucharlos. Los nietos se han digitalizado y no quieren distraerse con las tonterías del pasado; los jóvenes no les prestan ninguna atención; en la televisión no aparecen ancianos sino impostores de ancianos con dentaduras sanas y futuro de veleros o jardines impecables. Poco a poco sus voces fueron desapareciendo de las radios, sólo son noticia si superan los cien años o si se los asesina con especial rencor, en el trabajo y en las instituciones los jubilan muy de prisa y los apresuran enseguida para un homenaje póstumo.

Soy de los que creen en la virtud de la *presbistocracia*: me gustaría habitar un mundo donde los ancianos escucharan nuestras nimiedades, fueran el templo de la paciencia y resolvieran las cuestiones esenciales. Pero hoy los ancianos están recluidos al interior de centros especializados o, cuando se los deja en paz, están pertrechados en los subsuelos de los bares y de los clubes.

Pero es imposible disimular lo más obvio. Ver, escuchar, estar con un anciano supone también estar frente a la imagen de lo que seremos dentro de no mucho tiempo: la espalda curva, la boca pastosa, el andar tambaleante, la piel percutida y escamosa, la dramática perturbación de la memoria, las heridas expuestas por las caídas en las calles, esa mirada dirigida hacia todos lados y hacia ninguna parte, el lenguaje herido, el rostro percudido por esas marcas que va dejando el abandono progresivo de aquellos que, ingratos, olvidan que están en el mundo no por condescendencia sino por descendencia.

De todas las imágenes de ancianidad, la que más me duele es la que reúne a la vejez con la locura. Yo no puedo con ello. No poder, quiere decir: abatimiento, desánimo, impotencia. Hay quienes no pueden con otras cosas: con los perros de tres patas, los niños pidiendo limosna, la sonrisa de los señores prolijos, las borracheras de los ricos, la sonrisa perversa de algunos políticos. Yo no puedo con la demencia de los ancianos. Me doblo de angustia al verlos o incluso al recordarlos. Parezco aullar. No es que duela, como una muela o como una tragedia distante o como puede doler el mundo: a mí me duele. Adentro. En el medio. En el fondo. En el centro.

Entre el deseo por escucharlos y la imposibilidad de mirarles, aún predomina lo primero. Es más fuerte el interés por oír algo que viene de lejos, de lo remoto indescriptible, de lo ya ausente y aún difuso, de lo perdido fatalmente y, ante todo, de todo aquello que si no se escuchara con atención desaparecerá en breve. Y ya no habrá más remedio que olvidarlo, ignorarlo o inventarlo. Y es una pena terrible. La más penosa de todas.

La vejez y el cansancio

Los ancianos se van callando.

Nadie los calla. O sí. Todos los callamos. Inadvertidamente. O sin escrúpulos. De a poco. Por hablarles demasiado. Por decirles todo. O por no hablarles nunca. Por no decirles nada.

Los ancianos se van callando.

Ese es su modo de partir, de despedirse.

No hay última confesión, ni último deseo, ni última verdad.

Los ancianos se van callando porque han visto demasiado. Se van callando porque el lenguaje ya no les presta atención. Y porque se cansan de la banalidad de lo nuevo.

Es que: *"El número de vidas en un cuerpo envejecido es insoportable"* (Nooteboom, 2012).

Y se van callando porque irremediablemente una parte de sus cuerpos ya está dentro del silencio.

Y cuando se callan, todos nos ponemos a hablar demasiado. El lenguaje como encubrimiento.

Como una ofensa al silencio.

Los ancianos son libros con sus páginas abiertas en el rostro. Habrá que leerlos, no encerrarlos.

Hablar con ancianos

La anciana se distrajo con su perro. Parecían de la misma edad, con el mismo cuerpo, las mismas lástimas, los mismos ojos. El perro sólo quería encontrar un lugar confortable entre nosotros y allí se quedó, algo quejoso al principio y, enseguida, sereno. Era uno de esos perros que habían vivido siempre en casa, siempre alrededor de la vejez y que sabían ponerse a contemplar hacia fuera sin molestar. Uno de esos perros quietos o aquietados que van perdiendo u olvidando su raza hasta volverse pequeños humanos callados.

—*Perdone que no le pregunté su nombre, señora. Soy un maleducado.*

—*Elena. Me llamo Elena. Elena. Es mi único nombre. No tengo otro. Ningún otro.*

—*Hermoso nombre, Elena. Tiene un origen griego. Significa: brillante como el sol.*

—*Soy rusa, no griega. Rusa. Mi nombre es ruso. Ruso. Si tiene una hoja se lo escribo. Déme una hoja. Y un lápiz.*

Yo estaba encantado. Conversaba con Elena como si fuese alguien con quien ya compartiera mi vida desde hace años. En pocos segundos dejé de ser aprensivo a esas manos manchadas, a ese cuello indefinido, a esos ojos a veces extraviados, a esa vestimenta luctuosa y pude verla con un brillo de blanco irreprimible. Pero no dejaba de advertir que ella estaba y no estaba, que se perdía en milésimas de segundos, que esa visita y esa conversación no durarían más de cinco minutos.

Puse la hoja sobre la mesa y Elena, temblorosa, comenzó a escribir su nombre. Parecía más bien que lo trazaba, que lo dibujaba como si fuese su casa, su propio hogar.

Елена.

Elena se quedó mirando su nombre como si se tratara de su rostro, como si hubiera descubierto en su nombre el nombre de ella misma. Su rostro enmudeció de pronto, su semblante palideció. Se levantó con mucho esfuerzo, primero apoyándose sobre el canto de la mesa de caoba y luego estirando todo lo posible sus brazos para levantar el cuerpo. Dio tres pasos y se sentó en un sillón cercano. Suspiró con dificultad. Dejó de mirarme. Dejó de percibirme.

Desde esa posición, con la luz que entraba por las puertas que daban al balcón, noté que surgían sin pausa los movimientos involuntarios de su mano izquierda, disparatados, y otros en el mentón, incontenibles. La anciana que recién había escrito su nombre, su nombre radiante, ahora parecía un espectro, envuelta en un mundo inabordable, inaccesible. A ciertas edades, en la primera infancia y en la final vejez, escribir el nombre provoca descubrimiento y desasosiego, todo a la vez, como si nada de uno cupiese allí o como si todo se desbordara.

Yo no sabía qué hacer. Lo que más quería era hablar —de ella, de mí, de cualquier cosa—, pero lo más prudente era callarse. Miré hacia afuera. Al darme vuelta noté que la luz que tocaba el rostro de Elena la hacía aún más proverbial, acaso más bella y más anciana.

Elena movía sus labios y miraba un punto fijo. Su semblante era indescifrable: por momentos tenía apariencia de enfado, de completo enojo y enseguida parecía distenderse como si alguna idea, o alguna voz, o alguna imagen la calmaran. Con el paso de los segundos, casi imperceptibles, creí escucharle decir palabras, pero no estaba seguro. También se mezclaban entre su lengua y sus dientes, sonidos irreconocibles, más extraños que extranjeros. Pero había un relato, una cadencia de relato, una entonación de relato. Cuánto deseaba yo ser testigo de ese relato. ¿Estaría murmurando, quizá, algo sobre su pasado, sobre su infancia? ¿O a su edad aquello que se murmura es toda la vida junta, apilada, mezclada, confundida?

Pasó un tiempo que no pude medir. En ningún momento miré la hora. Quedé atrapado, envuelto, seducido por esa imagen del rostro de Elena, que iba oscureciéndose con el ritmo del declive del día. Sentí aprensión porque sabía que ella salía al balcón todos los días, bajo todos los climas, desde muchos años, a las cinco de la tarde. De las cinco a las seis. Como un ritual que solo la vejez comprende. Como un modo de detenerse a ver pasar el mundo. Me hubiera maldecido si por mi culpa, por mi obsesivo deseo de conversación, por esa interrupción imprevista, Elena perdiese su hora de pausa, ese paréntesis de ojos abiertos.

De pronto, cuando faltaban segundos para las cinco de la tarde, vi que Elena se movía, se levantaba, llamaba al perro, abría las puertas del balcón y salía hacia ese universo abierto. Daba la impresión de que Elena no me había visto, como si yo no estuviese ahí.

Hacía frío, pero ella siempre estaba abrigada, todo el año, a cualquier hora. Se me ocurrió hacerme notar, despacio, para que ella no se asustara. Tosí a propósito.

—*Se está bien afuera ¿verdad?* —dije por decir, como la mitad de las cosas que digo.

Sin girar su cabeza, sin siquiera dar muestras de sorpresa, respondió: —*Sí, se está bien afuera. Afuera, sí. Adentro hay demasiados recuerdos. Demasiados.*

Dejar en paz a los ancianos

> *La vejez es una batalla, querido, si no es con esto, enton-*
> *ces con lo otro. Es una batalla implacable, y precisamente*
> *cuando estás más débil y eres menos capaz de invocar tu*
> *viejo espíritu de lucha* (Roth, 2007: 120).

Elena sentía que se iba callando, poco a poco. Que el lenguaje la cansaba. Que hablar la cansaba. Que escuchar la cansaba. No era sólo porque no tenía con quien hablar, sino porque notaba que ya había dicho todo y que su vida no necesitaba decir más: su cuerpo lo decía, su cuerpo detenido en una edad a partir de la cual ya no es posible ni regresar ni avanzar.

Había aprendido el ruso, el *idish* y, más tarde, el castellano. Tuvo, luego, que andar por el mundo sólo con su tercera lengua a cuestas y eso, para ella, había sido demasiado. Demasiada precisión, demasiado sinsentido, demasiado poco.

Toda lengua que no es materna, fatiga, harta. Separa del vientre, nace de un sitio por donde no corre la sangre ni se eriza la piel ni se escucha la respiración.

Cada vez utilizaba menos el lenguaje. No leía, porque una molesta presbicia le impedía el paso hacia lo escrito. Usaba unos lentes antiguos, con marco negro y debía taparse el ojo izquierdo, ya casi nulo, ya vacío, para adivinar las imágenes de los diarios y las revistas, pero sin entender casi nada.

Pasaba las hojas de las revistas, pero no estaba segura de lo que había visto: colores, siluetas, muebles, barcos, paisajes, flores, comidas, cuerpos medio desnudos, medio vestidos. Para ella no eran revistas, sino un modo eficaz o indoloro de pasar el tiempo, de no darse cuenta de nada. Pasaban las páginas, con ese ritmo sumiso e indeclinable con el que pasan las hojas de los almanaques.

Un día tuvo un pequeño derrame en su cerebro, uno más, de nuevo.

Un médico demasiado joven la obligó a recomponer su lenguaje abatido. Fue la época en que hablaba *idish*, aunque no se daba cuenta y nadie la comprendía. Fue la época en que pensaba en castellano y sólo salía el ruso. Como una máquina averiada, así la trataban.

La mujer que fue a devolverle el lenguaje, a recordarle el castellano, insistía con nimiedades: repetición de palabras, imágenes para niños, soplidos, respiración, ejercicios.

Elena comenzó a cansarse de la gramática, del exceso de conciencia, de la pronunciación debida, de las absurdas conjugaciones. ¿Para qué quería la palabra? Ya había pasado su vida.

Una tarde la mujer la obligó cuatro veces a decir una frase tan insulsa como irrepetible. Se sintió ultrajada. Una niña sin infancia. Los niños vienen al mundo sin decir nada. Al principio siguen en el vientre, pero apoyados por fuera. Luego, los arrancan. De materno, el lenguaje pasa a ser paterno. Y allí comienzan los problemas.

Ella era como una niña anciana.

Decidió no responder a la espantosa severidad de la frase.

Dijo: *basta*, en perfecto castellano.

La mujer se dio cuenta: ¿quién puede no percibir un abismo?

La mujer la abrazó. También estaba cansada.

Bibliografía

Adorno, Theodor. *El ensayo como forma. Notas de literatura.* Barcelona: Ariel, 1962.

Arendt, Hannah. *La promesa de la política.* Barcelona: Paidós, 2008.

Bachmann, Ingeborg. *Últimos poemas.* Madrid: Hiperión, 1999.

Balaguer, Asun Pié. *Herencias y actualidad de la discapacidad. Una apertura pedagógica a lo sensible.* Barcelona: Editorial UOC, 2014.

Bárcena, Fernando. Aprender la fragilidad. Meditación filosófica sobre una excepción existencial. *Childhood & Philosophy*, 8 (15), jan./jun. 2012, pp. 11-31.

Baricco, Alessandro. *Los bárbaros. Ensayo sobre la mutación.* Barcelona: Anagrama, 2008.

Barthes, Roland. *El placer del texto y lección inaugural.* Buenos Aires: Siglo XXI, 2003.

Barthes, Roland. *Fragmentos de un discurso amoroso.* México: Siglo XXI, 1982.

Berardi, Franco. *Generación Post-Alfa. Patologías e imaginarios en el semiocapitalismo.* Buenos Aires: Tinta Limón, 2007.

Blanchot, Maurice. *Una voz venida de otra parte.* Madrid: Arena Libros, 2009.

Blanchot, Maurice. *La comunidad inconfesable*. Madrid: Arena Libros, 1999.

Canetti, Elías. *Obra completa, volumen IV - Apuntes, 1942-1993*. Barcelona: Galaxia Gutenberg, 2005.

Canetti, Elías. *El arte de la prosa ensayística*. Caracas: Colección Umbrales, Fundación Metrópolis, 1999.

Castro, Juana. *Los cuerpos oscuros*. Madrid: Hiperión, 2005.

Char, René. *Indagación de la base y la cima*. Madrid: Árdora Ediciones, 1999.

Cisoux, Hélene. *La llegada a la escritura*. Buenos Aires: Amorrortu, 2006.

Claudel, Philippe. *Aromas*. Barcelona: Salamandra, 2012.

Claudel, Philippe. *Almas grises*. Barcelona: Salamandra, 2008.

Coetzee, John Maxwell. *Esperando a los bárbaros*. México: Random House Mondadori, 2007.

Coetzee, John Maxwell. *Vida y época de Michael K*. Barcelona: Literatura Mondadori, 2006.

Coetzee, John Maxwell. *La edad de hierro*. Barcelona: Literatura Mondadori, 2002.

Dantzig, Charles. *¿Por qué leer?* Madrid: 451 Ediciones, 2011.

Deleuze, Giles. *La lógica del sentido*. Barcelona: Paidós, 2005.

Derrida, Jacques. *Adiós a Emannauel Lévinas. Palabras de acogida*. Madrid: Trotta, 1998.

Dolar, Mladen. *Una voz y nada más*. Buenos Aires: Manantial, 2007.

Efron, Ariadna. *Marina Tsvetáieva, mi madre*. Barcelona: Circe Ediciones, 2009.

Fadanelli, Guillermo. *Educar a los topos*. Barcelona: Anagrama, 2006.

Gasparini Lagrange, Marina. *Laberinto Veneciano*. Barcelona: Candaya, 2010.

Gil de Biedma, Jaime. *Las personas del verbo*. Barcelona: Seix Barral, 1982.

González, Ángel. *Nada grave*. Madrid: Visor, 2008.

Handke, Peter. *Ensayo sobre el cansancio*. Madrid: Alianza Editorial, 1990.

Haushofer, Marlen. *La puerta secreta*. Madrid: Siruela, 2003.

Heidegger, Martin. *A caminho da linguagem*. Petrópolis: Vozes, 2003.

Jaccottet, Philippe. *El ignorante. Poemas 1952-1956*. Valencia: Pre-textos, 2006.

Kohan, Walter. *Filosofía y educación. La infancia y la política como pretexto*. Caracas: Fondo Editorial Fundarte, 2011.

Kohan, Walter. *Infancia entre Educación y Filosofía*. Barcelona: Laertes, 2007.

Kristof, Agota. *Claus y Lucas*. Barcelona: El Aleph Editores, 2007.

Kristof, Agosta. *La analfabeta*. Barcelona: Ediciones Obelisco, 2006.

Lacoue-Labarthe, Philippe. *La poesía como experiencia*. Madrid: Arena Libros, 2006.

Lárina, Anna. *Lo que no puedo olvidar*. Barcelona: Galaxia Gutenberg, 2006.

Larrosa, Jorge. Fin de partida. Leer, escribir, conversar (y tal vez pensar) en una facultad de educación. En Maarten Simons, Jan Masschelein & Jorge Larrosa (editores): *Jacques Rancière. La educación pública y la domesticación de la democracia*. Buenos Aires: Miño y Dávila, 2011.

Larrosa, Jorge. La moral del lenguaje. Prólogo a Hugo von Hofmannsthal, *Una carta*. Bogotá: Colección primero el lector, 2010.

Larrosa, Jorge. *Entre las lenguas. Lenguaje y educación después de Babel*. Barcelona: Laertes, 2005.

Lispector, Clarice. *Para no olvidar*. Crónicas y otros textos. Madrid: Siruela, 2007.

Lispector, Clarice. *Revelación de un mundo*. Buenos Aires: Adriana Hidalgo Editores, 2005.

Maillard, Chantal. *Bélgica*. Valencia: Pre-textos, 2011.

Mársico, Claudia. Poesía y origen del discurso filosófico en La República de Platón. *Pomoerium*, 3, 1998, 51-60.

Melot, Michel. ¿Y cómo va la muerte del libro? *ISTOR, Revista de Historia Internacional*, 31, 2007, pp. 7-26.

Merini, Alda. *Clínica del abandono*. Buenos Aires: Bajo la Luna, 2008.

Meschonnic, Henri. *La poética como crítica del sentido*. Buenos Aires: Mármol-Izquierdo Editores, 2007.

Morábito, Fabio. *Terrains Vagues. Lotes Baldíos*. Québec: Écrits des Forges, 2001.

Nancy, Jean-Luc. *58 indicios sobre el cuerpo*. Buenos Aires: Ediciones La Cebra, 2007.

Nancy, Jean-Luc. *Ser singular plural*. Madrid: Arena Libros, 2006.

Nietzsche, Friedrich. *Todos los aforismos*. Buenos Aires: Leviatan, 2001.

Nietzsche, Friedrich. *El origen de la tragedia*. Madrid: Espasa-Calpe, 2000.

Nietzsche, Friedrich. *Más allá del bien y del mal*. Madrid: Alianza Editorial, 1976.

Nooteboom, Cees y Safranski, Rüdiger (ed.). *Tenía mil vidas y elegí una sola*. Madrid: Siruela, 2012.

Nooteboom, Cees. *Tumbas de poetas y pensadores*. Madrid: Siruela, 2007.

Pérez de Lara, Nuria. *Entre el amor a la experiencia y el deseo de saber: experiencia e investigación*. Conferencia inaugural del Master de Investigación en el Departamento de Organización

Educativa de la Facultad de Pedagogía de la Universidad de Barcelona, 7 de Octubre de 2010.

Pérez de Lara, Nuria. La construcción de la identidad desde la perspectiva de la diferencia sexual, Texto de conferencia presentada en el ciclo *Juliols de la Universitat de Barcelona*, 2002.

Pessoa, Fernando. *Poesías completas de Alberto Caeiro*. Valencia: Pre-textos, 1996.

Platón. *El banquete*. Barcelona: Ediciones Folio, 2006.

Proust, Marcel. *Días de lectura*. Madrid: Taurus, 2012.

Quignard, Pascal. *Las sombras errantes*. Buenos Aires: Cuenco del Plata, 2014.

Quignard, Pascal. *El lector*. Valladolid: Cuatro Ediciones, 2008.

Quignard, Pascal. *El nombre en la punta de la lengua*. Madrid: Arena Libros, 2006.

Rimbaud, Arthur. *Prometo ser bueno. Cartas completas*. Barcelona: Barril & Barral Editores, 2009.

Roth, Philip. *Némesis*. Barcelona: Literatura Mondadori, 2011.

Roth, Philip. *Elegía*. Barcelona: Literatura Mondadori, 2007.

Skliar, Carlos. *Hablar con desconocidos*. Barcelona: Candaya, 2014.

Sloterdijk, Peter. *Normas para el parque humano. Una respuesta a la Carta sobre el humanismo de Heidegger*. Madrid: Siruela, 2006.

Sloterdïjk, Peter. *Extrañamiento del mundo*. Valencia: Pre-textos, 1998.

Szymborska, Wislawa. *El gran número. Fin y principio y otros poemas*. Madrid: Hiperión, 2010.

Szymborska, Wislawa. *Discurso de Estocolmo*, 2006.

Taffarel, Teresa Martín. *Lecciones de ausencia*. Barcelona: Candaya, 2007.

Tavares, Gonçalo. *Aprender a rezar en la era de la técnica*. Barcelona: Literatura Mondadori, 2012.

Transtömer, Tomas. *El cielo a medio hacer*. Madrid: Editorial Nórdica Libros, 2010.

Tsvietáieva, Marina. *Confesiones. Vivir en el fuego*. Barcelona: Galaxia Gutenberg, 2008.

Welty, Eudora. *La palabra heredada*. Madrid: Impedimenta, 2012.

Woolf, Virginia. *El lector común*. Barcelona: Debolsillo, 2009.

Zambrano, María. *Filosofía y poesía*. México: Fondo de Cultura Económica, 1993.

La presente edición se terminó de imprimir en julio de 2015,
en los talleres de Gráfica LAF s.r.l., ubicados en Monteagudo 741,
San Martín, Provincia de Buenos Aires, Argentina.

9 788415 295990